中國學術思想 研究輯刊

十八編

林慶彰 主編

第16冊

曇鸞大師由仙轉佛之學思歷程研究

魏式岑 著

花木蘭文化出版社

國家圖書館出版品預行編目資料

曇鸞大師由仙轉佛之學思歷程研究／魏式岑 著─初版─新
北市：花木蘭文化出版社，2014〔民 103〕
序 4+ 目 2+134 面；19×26 公分
（中國學術思想研究輯刊 十八編；第 16 冊）
ISBN：978-986-322-687-1（精裝）
1.（南北朝）釋曇鸞　2.學術思想　3.淨土宗
030.8　　　　　　　　　　　　　　　　　103001984

ISBN-978-986-322-687-1

9 789863 226871

中國學術思想研究輯刊
十八編　第十六冊　　　　　　　ISBN：978-986-322-687-1

曇鸞大師由仙轉佛之學思歷程研究

作　　者　魏式岑
主　　編　林慶彰
總 編 輯　杜潔祥
副總編輯　楊嘉樂
編　　輯　許郁翎
出　　版　花木蘭文化出版社
社　　長　高小娟
聯絡地址　235 新北市中和區中安街七二號十三樓
　　　　　電話：02-2923-1455 ／傳真：02-2923-1452
網　　址　http://www.huamulan.tw 信箱 hml 810518@gmail.com
印　　刷　普羅文化出版廣告事業
封面設計　劉開工作室
初　　版　2014 年 3 月
定　　價　十八編 16 冊（精裝）新台幣 28,000 元

曇鸞大師由仙轉佛之學思歷程研究

魏式岑　著

作者簡介

魏式岑，宜蘭羅東人，祖籍福建漳州。淡江大學中文系學士，嘉義大學中國文學研究所碩士。自幼生長於敦厚樸實人情味濃的宜蘭鄉間，性情和善、樂觀。高中蒙國文老師國學素養薰習；大學又受業於國學耆儒廉永英教授浸潤先秦諸子、文心雕龍等思想八年餘。畢業任教後學佛，遂將中國經典及佛法思想融入教學，同學子涵詠於四書、五經、佛典中，祈後生能承襲中華文化精髓。2013 年 3 月，因「第十三屆全國經典總會考」為推廣有功團體、人員而晉見副總統。近年尤究心於漢傳佛教與淨土思想。曾編校《修福積德造命法──了凡四訓講記》、《重校護生畫集》、《淨土五經》有聲書、《讚阿彌陀佛偈》等書；撰寫《曇鸞大師由仙轉佛之學思歷程研究》、〈試論程明道教化思想中的「誠敬」工夫〉、〈《佛說阿彌陀經》章法結構及修辭技巧研析〉、〈生命的悸動 2〉（第二屆生命故事創作獎特優）等文。現職為弘明實驗高中國文教師。

提　要

　　人要如何才能求得「長生不死」呢？這是中國自古以來一直所憧憬、嚮往的秘笈。

　　魏晉南北朝，可說是佛、道共生、共融的時代，同時也是欲得養生、長壽之方而熾盛的時代。在這個時代出生的人，有著道家、道教與佛教密不可分的思想宿命，在如此動盪不安，內外文化思想不斷衝擊的時代，誕生了一位法師──釋曇鸞。這位法師，因為註經半途身患重疾，而四處尋訪長生之法。他曾到茅山隱者陶弘景那兒，求諸仙術。下山途中，又巧遇三藏菩提流支，菩提流支以確定之語，說出《無量壽經》此大仙方，若依而行之，直下當得解脫生死。

　　此次奇遇對曇鸞法師言，是生命的大轉折，在信服無疑，一門深入行持下，生命從不究竟轉化為究竟。對於他所生長之時代，其行因思想，雖受著這時代的動盪、顛覆和衝擊，然而，卻又能在一片亂象的境遇裏，跳脫出魏晉玄風、仙術際遇；進而直登至無量光壽清淨莊嚴之極樂佛境。本論文對於曇鸞一生學佛思想流變及其思想核心，期望能做一較詳盡的探究。

　　因此，本論文首章為緒論。次章題曇鸞的時代背景、生平與著述；探討曇鸞所生處之地域、時代與思想背景為何？三章為曇鸞由仙轉佛之思想探析；主要建立在曇鸞由仙轉佛之關鍵點原本為何？四章題曇鸞學佛歷程的轉折與淨土思想的開展；此在探討曇鸞學佛之心路歷程與核心思想如何形成？五章為結論，總結並歸納探討曇鸞由仙轉佛之淨土思想對後世產生如何深遠之影響，及與後世之念佛法門有何異同？同時，也藉由本論文研究過程，願更能體察出當時社會何以重視佛教思想之特徵，期助於後世對淨土思想發展過程作進一步探究和釐清。

序　言

淨　岑

當我決定要以曇鸞大師的學佛行因歷程為題，作為碩論時。令我深感訝異的是，我的心路歷程竟與他老人家頗為相似，在深感親切、嚮往之餘，讓我有師法、摹傚，及依止之對象。心中之歡喜、讚歎，可說得未曾有。故很想嘗試用另一種方式來撰寫論文。這樣可以讓論文的「內容」落實於生活中，因歷練、磨礪而昇華；也可以讓論文的「論證」借著生命的實踐去驗證；更讓聖賢的智慧，從生命中展現。這篇論文，是透過個人嚴苛的生命考驗，借由種種逆增上緣的經歷，更能親切的瞭解曇鸞大師如何在生命中轉化提升出般若的智慧。

就如本論文的誕生也是屢經波折以底於成。此該追溯到七年前由正覺精舍師父手中，接到曇鸞大師的著作開始。教學一過兩年，接著考上研究所，當確定題目時，卻又歷經了兩年碩班和學程的修讀，計畫書的通過。然後，再是三年，論文卻是停擺的，這段時間，心並非放棄。反倒是身心病苦（內境）、教學工作遇到困難（外境）不斷地出題，自己則不斷地應考，自我策勵，無怨無悔。

寫論文的故事發生了七年，七年沒有空過，是實實在在地度過。最後，卻以不到半年的時間從容完成。這裡要表達的是甚麼呢？因為願意面對生活中的每一課題，願意解決生命中的一切際遇。因著這層關係，這篇論文的深度、廣度以及感受，即刻充實於胸臆，「不是一番寒澈骨，怎得梅花撲鼻香。」（唐・黃蘗禪師・上堂開示頌），此時思如泉湧，一瀉千里，不可遏止。乃是由於久經蓄積涵養，而水到渠成，心開意解，便能不假思索，揮灑自如。

這個從「無」到「有」的過程，「心」是靈台，能「隨心所欲」運思，而

不踰矩。所有的參考文獻、資料、訊息，皆成「心」的輔翼，任由你選擇判斷，細心擷取。如此，自己的故事已融會其中，並且還能激發出自己的創見和修行上的成果。七年歷程，如同曇鸞大師遭遇的歷程一樣——因面對身體觀、生死觀，而有了新的體悟。我開始試著學習如何看破身見，放下身見，學習以空宗思想面對身心的調適，而不再執著！這是七年要學習的功課，同時，我從這堂功課中，發現了另一面知見上的執著：「唯有佛法才是正知正見」，這裡產生了一點錯覺，以為不是佛法的其他宗教，因為是心外求法，所以非正知正見，是為不能究竟解脫生死，可以不學。

當然，佛道思想本不同，然大師的時代卻是要將老莊思想引出佛理的格義時代，若無老莊思想，何有般若思想？大師是一位極少有人像他那樣巧妙地從道至佛的法師。雖然，大師最後仍捨道入佛，但對道的修身、長生、養生方面，仍有可取之處。甚且，援引入佛法中，將道與佛法調和，大師是能入其中，亦能出其外的，並非全然駁斥或批判道。這是本論文帶給我的啟發，大師發現的問題，也正是自己在面對的問題。這一次生命的歷驗，讓自己能更深刻地體會出大師的學思歷程，他與我生命相應而契合，是我深感慶幸而難得的。

此外，若依道的長生、養生之法，練習將生滅的心念，一轉而為不生不滅的佛號；再者，更可十念相續，綿綿密密生生不息地持佛名號於平常，那麼現代文明得病的機率，將會減少一大半，甚且不藥而癒。故世出世間一切正法，皆要珍惜尊重而虛心向學的，金剛經說：「如我解佛所說義，無有定法……何以故？如來所說法，皆不可取不可說，非法非非法。所以者何？一切賢聖，皆以無為法而有差別。」我因撰寫這篇論文，而明白如何以空觀融入淨土中行持的道理；又認識如何援道之養生及氣論之說於佛法上；然後因病、因逆境，而藉事研心，藉事練心。因此更祈願念佛精進，定慧等持。

感恩佛菩薩、龍天護法及一切天地諸善神、盡虛空遍法界十方三世法界一切眾生

感恩曇鸞大師；蓮因寺、正覺精舍師父；南林尼僧苑見如法師；行願法師；蓮子放生團及所有教導過淨岑的法師

感恩指導教授熊琬恩師、蘇子敬恩師；口考教授蔡忠道恩師、陳敏齡恩師；廉永英恩師、熊師母、林麗娥老師以及所有教導過式岑的恩師

感恩弘明、連董事長淑美、陳校長火爐、張副校長宏儒、許副校長淑華、

黃主任士哲、廖主任妙淑、賴國誠老師、蔡淑貴老師、雷雲霞老師、許玲燕老師、吳明峻老師、林政毅老師、葉敏香老師及所有共事的同事們

感恩幫淨岑將摘要翻譯成英文的蔣永義老師、將〈服氣要訣〉日文翻譯成中文的彭俊雄老師；還有陳傳淨居士、周惠玉居士、吳佩嘉師姐的關心

感恩年晉爸爸、讀經實驗班大鈞阿嬤、哲畛爸媽、涵淨爸媽、明紘爸媽及所有家長們

感恩我親愛的父母、大姊、姊夫和二位妹妹、妹夫以及所有的親友

感恩所有人事物

謹以此文及論文獻給所有關心淨岑、幫助淨岑、照顧淨岑的人

深深祝禱　常生歡喜　常在幸福

菩薩清涼月　常遊畢竟空　眾生清水淨　菩提影現中

淨岑　謹識

2012.10.21

目

次

序　言
第一章　緒　論 ……………………………………………… 1
　第一節　研究動機與目的 ……………………………… 1
　第二節　前人研究成果回顧 …………………………… 4
　第三節　研究範圍及方法 ……………………………… 6
　　一、研究範圍 ………………………………………… 6
　　二、研究方法 ………………………………………… 7
　第四節　成果述要 ……………………………………… 9
第二章　曇鸞的時代背景、生平與著述考 …………… 11
　第一節　時代背景 ……………………………………… 11
　　一、儒學思想之啓蒙 ………………………………… 11
　　二、玄學與道教的興起 ……………………………… 12
　　三、佛教東傳與玄學的接觸 ………………………… 13
　第二節　生平 …………………………………………… 14
　　一、五台聖境 ………………………………………… 14
　　二、生平靈異事蹟 …………………………………… 16
　　三、交遊及師承 ……………………………………… 18
　　四、由仙入佛的因緣 ………………………………… 23
　第三節　著述 …………………………………………… 25
　　一、一般佛學著作 …………………………………… 25
　　二、淨土著述 ………………………………………… 25
　　三、仙術醫學類著作 ………………………………… 30

第三章　曇鸞由仙轉佛之思想探析⋯⋯⋯⋯⋯ 37

　第一節　曇鸞探尋神仙方術的背景⋯⋯⋯⋯⋯ 37

　　一、神仙方術的時代背景⋯⋯⋯⋯⋯⋯⋯⋯ 37

　　二、受道術方士思想之影響⋯⋯⋯⋯⋯⋯⋯ 38

　　三、尋訪仙術以治疾⋯⋯⋯⋯⋯⋯⋯⋯⋯⋯ 40

　第二節　由仙轉佛之過程與啓發⋯⋯⋯⋯⋯⋯ 41

　　一、隱士陶弘景思想之交涉⋯⋯⋯⋯⋯⋯⋯ 41

　　二、對神仙方術的體會⋯⋯⋯⋯⋯⋯⋯⋯⋯ 44

　　三、轉仙道歸於淨土⋯⋯⋯⋯⋯⋯⋯⋯⋯⋯ 47

　第三節　曇鸞對長生的觀念⋯⋯⋯⋯⋯⋯⋯⋯ 50

　　一、病從何而來？⋯⋯⋯⋯⋯⋯⋯⋯⋯⋯⋯ 50

　　二、形而下與形而上⋯⋯⋯⋯⋯⋯⋯⋯⋯⋯ 52

　　三、生命的究竟和不究竟⋯⋯⋯⋯⋯⋯⋯⋯ 53

第四章　曇鸞學佛歷程的轉折與淨土思想的開展⋯ 57

　第一節　出家與學佛⋯⋯⋯⋯⋯⋯⋯⋯⋯⋯⋯ 57

　　一、龍樹菩薩及提婆學派之影響⋯⋯⋯⋯⋯ 57

　　二、般若空宗之影響⋯⋯⋯⋯⋯⋯⋯⋯⋯⋯ 64

　　三、僧肇思想之影響⋯⋯⋯⋯⋯⋯⋯⋯⋯⋯ 77

　　四、註《大集經》⋯⋯⋯⋯⋯⋯⋯⋯⋯⋯⋯ 80

　第二節　淨土法門之接觸⋯⋯⋯⋯⋯⋯⋯⋯⋯ 85

　　一、「長生」與「轉」字釋義⋯⋯⋯⋯⋯⋯ 85

　　二、菩提流支淨土思想之啓發──曇鸞由仙

　　　　轉淨⋯⋯⋯⋯⋯⋯⋯⋯⋯⋯⋯⋯⋯⋯⋯ 88

　　三、曇鸞對《往生論》淨土思想的接觸⋯⋯ 89

　第三節　曇鸞之淨土思想⋯⋯⋯⋯⋯⋯⋯⋯⋯ 93

　　一、格義佛教與曇鸞⋯⋯⋯⋯⋯⋯⋯⋯⋯⋯ 93

　　二、易行道⋯⋯⋯⋯⋯⋯⋯⋯⋯⋯⋯⋯⋯⋯ 95

　　三、《讚阿彌陀佛偈》與彌陀他力本願⋯⋯ 96

　　四、五念門之實踐⋯⋯⋯⋯⋯⋯⋯⋯⋯⋯⋯ 105

　　五、十念必生⋯⋯⋯⋯⋯⋯⋯⋯⋯⋯⋯⋯⋯ 108

第五章　結　論⋯⋯⋯⋯⋯⋯⋯⋯⋯⋯⋯⋯⋯ 113

　第一節　曇鸞由仙轉佛之念佛法門⋯⋯⋯⋯⋯ 113

　第二節　曇鸞淨土思想普化之特質⋯⋯⋯⋯⋯ 115

　第三節　曇鸞淨土思想對後世的影響⋯⋯⋯⋯ 116

參考文獻⋯⋯⋯⋯⋯⋯⋯⋯⋯⋯⋯⋯⋯⋯⋯⋯ 121

附錄：釋曇鸞　簡譜⋯⋯⋯⋯⋯⋯⋯⋯⋯⋯⋯ 133

第一章　緒　論

第一節　研究動機與目的

　　曇鸞大師〔註1〕（476年～542年），生於北魏孝文帝承明元年，圓寂於東魏孝靜帝興和四年；還有一說圓寂於北齊天保五年（554年）〔註2〕以後。或作曇巒，俗名不詳，自號玄簡大士，北魏大同府雁門（今山西省代縣）人。曇鸞自幼深受儒道及佛法薰陶，他聰穎異常，家近五台山，曾聽聞神跡事，於是獨往五台山親訪聖地，備見遺跡，身心歡悅而返。十餘歲時即剃度爲僧，後廣學內外經典，專心於教典研究，涉獵甚廣，儒、釋、道三家典籍，無不賅被，尤其對大乘空宗之四論，龍樹一系，鳩摩羅什譯的《大智度論》、《中論》、《十二門論》和提婆譯的《百論》這四論情有獨鍾，曾有精深的研究，爾後使他成爲一位學識淵博的大乘空宗學者。大師是一位能適應社會發展，將儒、道、釋三學融會於淨土思想中的一位淨土宗大師，也是一位在佛教中國化的變革中有重大貢獻的佛教學者。

　　當時，佛教已傳入中國，佛經正大量翻譯，寺院、僧徒相繼興辦；同時，玄學的蓬勃，影響兩漢經學的推展，社會上魏晉以來，天帝、鬼神、祖先崇

〔註1〕曇鸞大師：以下簡稱曇鸞。
〔註2〕關於曇鸞入滅的年代，在唐朝已有異說。迦才《淨土論》卷下的《曇鸞傳》
　　　　載：「魏末高齊之初猶在」，《續高僧傳》卷20《道綽傳》及文諗、少康《往生
　　　　西方淨土瑞應刪傳》都稱他爲「齊時曇鸞法師」。此外，據近人羅振玉所藏拓
　　　　本北齊天保5年2月「敬造太子像銘」中的願主題「比丘僧曇鸞」的名字看
　　　　來，曇鸞入滅似應在北齊天保5年（554）以後，但這也還不能作定論。

拜、祭祀、卜筮等種種方術盛行，特別是黃老神仙方術大爲流行，然而時代卻局勢動亂、人事乖違、疏於倫常。在如此的時代裡，大師在《續高僧傳》〔註3〕中被描述著：

> 讀《大集經》恨其詞義深密難以開悟，因而註解。文言過半，便感氣疾，權停筆功，周行醫療。……由斯疾愈，欲繼前作，顧而言曰：「命惟危脆，不定其常，本草諸經，具明正治，長年神仙，往往間出，心願所指，修習斯法，果剋既已，方崇佛教，不亦善乎！承江南陶隱居者方術所歸，廣博宏贍，海內宗重，遂往從之。」

此段說明曇鸞何以欲求仙之理，乃因曇鸞發現病苦正威脅著生命的無常，讓人不禁思忖、尋索如何長生之法？以當時的時代背景，曇鸞似乎尚未從佛法中找到解決之道；很自然地，卻從當時神仙方術的流行上找答案。這是曇鸞學佛歷程不同於其他大師的地方，而其經驗亦是《高僧傳》裡少有的例子。曇鸞突發奇想，欲求長生不老之術，而求教於陶弘景，終得仙術，正欲返回勤修之際，半途遇印度菩提流支〔註4〕，受其影響，使思想轉而致力於淨土典籍研究和弘揚，同時也讓曇鸞早先所接觸的空宗思想與仙術修煉，成爲往後修學淨土的養份和助行；而這突如其來的轉變，絕非偶然！實在與法師平時精研佛學又力行體證佛理有關。

早在三國時，「魏正始年中，何晏、夏侯玄、王弼等人，祖述老莊，專談玄理，時人謂之清談，士大夫爭慕效之，遂成風氣。」〔註5〕魏晉期間，佛教諸家受清談之風的影響，尤其是莊子，「他們相聚時的談話，……談到了「非非」的時候，就一笑無言，正是在無言中彼此了解了。在這類場合，就出現了「禪」的精神。」〔註6〕，於是「道」與「禪」的精妙對話，至大唐而大放異彩。「道」與「禪」的交涉，可以說直至現代，仍是大家非常感興趣且值得研究的話題：佛教「自傳來東土後，與我國老莊思想相引相接，相離相異，相即相融，相生相成，實有著不可分割與牽扯不斷的關係。」〔註7〕

〔註3〕 釋道宣：《續高僧傳》，（台北：財團法人佛陀教育基金會，2003 年 2 月），頁182。

〔註4〕 釋曇鸞：《往生論註》，（台中：台中蓮社印行，1990 年 5 月），頁 45：首頁有「魏永寧寺北天竺沙門菩提流支譯論」，故以下用「流」字不用「留」字。

〔註5〕 黃懺華：《中國佛教史》，（台北：新文豐，1980 年 7 月），頁 61。

〔註6〕 馮友蘭：《中國哲學簡史》，（台北：藍燈，1986 年），頁 208。

〔註7〕 鄭琳：〈說般若思想以及其與魏晉老莊學關係的探討〉，（中央大學：人文學報第 6 期，1988 年 6 月），頁 14。

　　然而，雖然魏晉南北朝時期的清談正瀰漫著道、禪之味而不歇，但黃老神仙方術等的養生之法，同時也正在此時成爲清談的話題之一，「道教的宗教理想是通過各種道術的修行以求長生不死，得道成仙，其呼吸吐納等許多修道方法，都與佛教的禪定等修習有某些相似之處。」〔註8〕所以道的養生之學，對當時的出家僧人而言，是可以接受的。至於將「道」的長生不死觀念與「淨土思想」對起話來的，是弘通淨土念佛法門的曇鸞大師。

　　對於曇鸞一生由仙轉佛歷程之轉變，終以淨土爲導向，將鑽研已久的中觀思想與天親唯識思想匯聚之；且又更善巧地轉仙道調氣之方便於淨土中，曇鸞之學思歷程如何領略其中之妙善眞諦，甚而能運用自如地成爲普化淨土的資糧！此一過程心境與時代背景及文化思想之激盪爲何？對於當代學術思想衝擊爲何？其淨土往生行因思想，對後世產生如何深遠之影響，皆爲饒富生命力之探究價值，足茲爲研究題材。

　　因此，本論文主要撰寫之目的，是將透過一位眞實踐履、有工夫境界的修行者，現身說法於當世──他是如何呈現出生命的永恆、無限，而成爲後世之人（如中國、日本）學習的對象。以下即對此問題而大致列出幾個可探究的方向：

　　（一）曇鸞生處之地域、時代背景與思想背景爲何？
　　（二）曇鸞由仙轉佛之來由爲何？
　　（三）曇鸞學佛之心路歷程與核心思想如何形成？
　　（四）曇鸞之淨土思想，對後世產生如何深遠之影響？
　　（五）曇鸞所倡淨土念佛法門與今日有何異同？

　　以上諸項問題中，第二、三項是主要研究重點，以此爲核心，再觸及第一項關聯性問題，爾後則對第四、五項作概略性說明。屆此，期望對曇鸞所處之時代背景，有一深切了解，而對其學佛之特殊經歷、思想之一貫承襲亦能掌握其核心之所在，以具體而微地開顯其行述風格，並對當時（北魏）佛教思想的探究有所貢獻。此外，曇鸞於玄風思潮發展之時代，如何由仙轉佛使淨土思想能弘揚於當時，又如何對後世產生影響，如何爲後世開創出淨土念佛廣被的盛況，皆是本論文關注之處。

〔註8〕洪修平：〈論漢地佛教的方術靈神化、儒學化與老莊玄學化──從思想理論的層面看佛教的中國化〉，（台北：中華佛學學報第12期，1999年7月），頁305。

第二節 前人研究成果回顧

對於曇鸞佛學之研究方向，目前主要可以分成四大類：

其一，主要以生平背景傳記式的研究方法，如陳揚炯《曇鸞法師傳》〔註9〕、釋修嚴的〈中國淨土宗的祖師傳記之研究——關於曇鸞、道綽、善導之行歷〉〔註10〕。

其二，主要以佛教史的研究方式探討之，如湯用彤《漢魏兩晉南北朝佛教史》〔註11〕、釋印順的《佛教史地考論》〔註12〕、任繼愈的《中國佛教史》、郭彭的《中國佛教史》〔註13〕、望月信亨的《中國淨土教理史》〔註14〕、野上俊靜的《中國佛教史概說》〔註15〕。

其三，主要以淨土綜論方式研究者，如釋慧嚴的《淨土概論》〔註16〕、望月信亨的《淨土教概論》〔註17〕等。

其四，主要以專題方式探討者，如釋見杭的〈彌陀淨土往生行因之研究——以曇鸞、道綽、善導為主〉〔註18〕、曾堯民的〈六世紀中國北方彌陀淨土信仰初探〉〔註19〕、溫宗堃的〈世親《淨土論》與曇鸞《淨土論註》之比較研究〉〔註20〕等簡析之，如下：

1. 就傳記式的研究方式而言，其題材多取自《高僧傳》、《續高僧傳》等文獻，作者多以敘述法之口吻，強調文學性質的運用，對於思想之表達與反省，反而較不能令人有深刻印象。

〔註 9〕 陳揚炯：《曇鸞法師傳》，（北京：宗教文化出版社，2000 年）。

〔註 10〕 釋修嚴：〈中國淨土宗的祖師傳記之研究——關於曇鸞、道綽、善導之行歷〉，（基隆：靈泉禪寺，1984 年）。

〔註 11〕 湯用彤：《漢魏兩晉南北朝佛教史》下冊，（台北：台灣商務印書館，1998 年7 月）。

〔註 12〕 釋印順：《佛教史地考論》，（台北：正聞出版社，1992 年）。

〔註 13〕 郭彭：《中國佛教史》，（台北：文津出版社，1993 年 7 月）。

〔註 14〕 望月信亨：《中國淨土教理史》，（台北：正聞出版社，1992 年）。

〔註 15〕 野上俊靜：《中國佛教史概說》，（台北：台灣商務館，2000 年）。

〔註 16〕 釋慧嚴：《淨土概論》，（台北：東大圖書，1998 年）。

〔註 17〕 望月信亨：《淨土教概論》，（新竹：無量壽出版社，1987 年）。

〔註 18〕 釋見杭：〈彌陀淨土往生行因之研究——以曇鸞、道綽、善導為主〉，（玄奘大學：宗教研究所碩士論文，2005 年 1 月）。

〔註 19〕 曾堯民：〈六世紀中國北方彌陀淨土信仰初探〉，（香港：珠海書院中國文學研究所，1982 年 6 月）。

〔註 20〕 溫宗堃：〈世親《淨土論》與曇鸞《淨土論註》之比較研究〉，（華梵大學：東方人文思想研究所碩士論文，2000 年 6 月）。

2. 至於以佛教史來探討者，為求能有一貫性的探討比較，在數千年的時間流中，想要對一位歷史人物有所刻畫，恐只能以很短之篇幅予以探討，能深刻著墨處非常不易，此或為佛教史之一限制。

3. 若佛教綜論之研究，其研究體裁常以時期配合思想特色，以此架構之下，再予以羅列人來探討其思想或行述特色，此較佛教史對於個別人物之探討較為詳細，然而，綜論式之探討，亦只能以較小之篇幅，來探討某一位人物之特色，往往只能點到為止，仍有遺珠之憾。

4. 至於專論式的探討，較能對個別人物有詳盡之刻劃，換言之，以專論式的方法來討論，較能突顯主題。

以專論方式探討曇鸞佛學思想較完整者，是溫宗堃的〈世親《淨土論》與曇鸞《淨土論註》之比較研究〉一文為典型，其中之重點在於透過比較兩者淨土思想之異同，以釐清曇鸞淨土思想是否直接承襲天親〔註 21〕淨土思想。其文認為相同處，乃兩者皆以成佛為終極目標，皆承認彌陀如來之本願功德力；而相異處，在於往生行因之差異。前者（天親菩薩）強調自力，後者（曇鸞）則強調佛力；此外，對於實踐途徑的觀點之不同，天親菩薩強調自力之觀點，相對於仰仗佛力為觀點之曇鸞思想，前者則為「難行道」，後者則為「易行道」，故曇鸞實際為倡導凡夫往生論者。

對於曇鸞往生行因之探討，溫宗堃已有較詳盡之探討，至於行因實踐則尚未探究，然釋見杭的〈彌陀淨土往生行因之研究——以曇鸞、道綽、善導為主〉一文已觸及之，曇鸞往生行因法門主要可以依五念門落實之，即禮拜門、讚歎門、作願門、觀察門、迴向門，五念門具體行之。如此，有行有解，事理較圓融，但作者對曇鸞學佛其先後轉變之心路歷程，則尚未作進一步深入研究。

溫宗堃主要集中於淨土思想，但吾人觀察曇鸞一生，早期於空宗思想頗有見地，對於般若空宗薰習甚深，故淨土論述必然受般若思想之影響，如於《往生論註》中，實承襲龍樹菩薩緣起性空之思想、法性不生不滅即無生之生等思想，《中觀》云：「生相決定不可得，故不生。不滅者，若無生何得有滅？以無生無滅故。」〔註22〕；「諸法不自生，亦不從他生；不共不無因，是

〔註21〕釋曇鸞：《往生論註》：「譯婆藪云天，譯槃頭言親，此人字天親，事在付法藏經。」故「世親」一名，本論文皆依「天親」名。

〔註22〕龍樹菩薩造，鳩摩羅什譯：《中論》，（台北：中華電子佛典協會（CBETA）依大正新脩大藏經第 30 冊，2003 年 6 月），頁 1。

故知無生。」〔註23〕；《往生論註》中提到「無生」的，如：「大乘經論中處處說，眾生畢竟無生如虛空」〔註24〕、「生爲有本，眾累之元。棄生願生，生何可盡，爲釋此疑，是故觀彼淨土莊嚴功德成就。明彼淨土是阿彌陀如來清淨本願無生之生，非如三有虛妄之生也。何以言之？夫法性清淨畢竟無生，言生者，是得生者之情也。」〔註25〕至於受僧肇影響之處在於「緣生無性」、「立處皆眞」等思想，如於《往生論註》中所云：「肇公言：法身無像，而殊形並應，至韻無言……依何義名之爲法？以清淨故。依何義名爲清淨？以眞實智慧無爲法身故。眞實智慧者，實相智慧也……。」〔註26〕由此知，曇鸞之淨土思想已然融入濃厚的般若思想，值得吾人作進一步的說明。

　　另外，在格義思想部分，依格義本義來探討者，如劉立夫的〈論格義的本義及其引申〉〔註27〕一文中作辨析，以格義最早爲「文本」義，後來則演變爲「文化現象」的概念。然特色之一，便是早期佛經翻譯者常不自覺將老莊思想中之道等同佛教中之「眞如」、「法性」、「正覺」等語彙。此即以語辭學的角度加以哲學化探究之，若就歷史發展而言，一般探討格義思想時，多半與竺法雅提、道安、慧遠、鳩摩羅什、僧肇、道生等產生聯結，至於曇鸞雖對於格義思想已至晚期，然仍有其影響餘波可探。吾人亦將承此劉立夫先生之方式，對於曇鸞相關的格義作一說明。

　　總之，就曇鸞佛學思想之前人研究成果，多集中於淨土典籍部分，至於其一生完整的學佛思想歷程，尤其如何由仙轉佛之學思歷程，鮮少見之，故本論文即以此爲主要之研究題材。

第三節　研究範圍及方法

一、研究範圍

　　曇鸞佛學思想之著作，主要有《大集經註》（已亡佚），其餘爲有關淨土

〔註23〕龍樹菩薩造，鳩摩羅什譯：《中論》，頁1。
〔註24〕釋曇鸞：《無量壽經優婆提舍願生偈註》2卷，（台北：中華電子佛典協會（CBETA）依《大正新脩大藏經》第40冊，2003年6月），頁827。
〔註25〕同上，頁838。
〔註26〕同上，頁841。
〔註27〕劉立夫：〈論格義的本義及其引申〉，（北京：《世界弘明哲學季刊》，1999年6月），頁5。

之著述，如《往生論註》、《略論安樂淨土義》、《讚阿彌陀佛偈》等；其它仙術醫學類著作如〈調氣論〉、〈服氣要訣〉屬於神仙類，另有醫方類如〈療百病雜丸方〉、〈論氣治療法〉、〈調氣方〉。本研究主要依上述著作爲第一手資料，以此爲文獻取材之主要範圍。其它如所謂「四論」，指的是龍樹、提婆一系對《大般若經》注釋的著作，有《大智度論》、《中論》、《十二門論》、《百論》等空宗的中道觀及對淨土五經的了解，皆可作爲另一輔助線索。而研究時，主要回溯至作者當時之時代背景，以還原歷史眞相，探討當時之思想潮流對大師的學佛經歷及其所受影響爲主，並不採取以今非古之批判眼光來研究之。

二、研究方法

　　關於研究方法，本論文主要採文獻分析法，針對所欲探討的問題，蒐羅相關資料，訓詁、考証、分析、歸納、演繹，進而比較、辯證、直觀，也留意事件發生之時間次序而予以期間前後因果關係的呈現（發生論研究法），並試圖總括此一切而運用「超越反省法」〔註28〕。

　　除此之外，本論文內容之詮釋與進程，擬參照傅偉勳先生之「創造的詮釋學」〔註29〕作爲本論文詮釋層次的依據，亦即「實謂」、「意謂」、「蘊謂」、「當謂」、「必謂」（「創謂」）五個階段（層次）。

　　（一）「實謂」：「從原典考證、原始資料的考查，去決定原思想家的實際言詮」（類似考據之學）。

　　（二）「意謂」：「盡予如實客觀地了解，並詮釋原典義理或原思想家的意思意向」，（即盡可能客觀地表達文本中的意思）。

　　（三）「蘊謂」：「原典或原思想家言詮的種種可能義理蘊涵、思想史的理路線索、言詮在思想史上的積淀深化等等。」（即發掘原思想家幽而未明的想法）。

〔註28〕　唐君毅，《哲學概論》上卷，（台灣學生書局，1982年9月），頁191：所謂超越的反省法，即對於我們之所言說，所有之認識，所知之存在，所知之價值，皆不加以執著，而超越之；以期翻至其後面、上面、前面，或下面，看其所必可有之最相切近之另一面之言說、認識、存在，或價值之一種反省。舉例言之，如辯證法之「正」、「反」、「合」過程之可能。頁193：必俟我們對原初之『正』作一超越之反省，而認識其後或其前之『反』，進而再超越此『正』、『反』等，而後可能。

〔註29〕　傅偉勳：《從創造的詮釋學到大乘佛學》之〈創造的詮釋學及其應用──中國哲學方法論建構試論之一〉，（台北：東大圖書股份有限公司，1999年5月），頁1～46。

（四）「當謂」：「原有思想的深層義蘊或根本義理所在，諸般可能詮釋方式的優劣裁斷或高低評價等等」（即在不違背原思想家的哲思下，並依循原思想家之思路，進一步補足原思想家在敘述上不完整之處，而對原思想家之思想做更完整而深入的敘述。）

（五）「必謂」（「創謂」）：「站在新時代立場對於原有思想之批判的繼承與創造的發展」（即詮釋者於自身所處的時代脈絡中與具體生活世界中，提出進一步並具創造性的見解，期盼接續原思想家未完成的課題，而達到一創謂層次。）

這五個層次於撰寫論文中，皆有可能出現，舉例言之，對於探究曇鸞生處之地域、時代背景、生平等，須依考據、校勘以考証之，此便是「實謂」層次之運用，而於「實謂」之考述中，或同時出現「意謂」與「蘊謂」之層次探討以為考訂之資據，亦有可能。接著，於介紹曇鸞學佛之心路歷程與核心思想之如何形成的章節中，透過筆者平時哲學思考之訓練，並對儒釋道各家思想義理之領悟與體會，以作為「蘊謂」層次發掘之準備。爾後，探究曇鸞由仙轉佛之來由，即對原思想家之思想做更完整、圓熟而深入底層義蘊的敘述，此或曇鸞本身所未明言，即此是「當謂」層次的詮釋；例此，皆是吾人努力的目標。至於創謂層次，則更是吾人極欲期待突破的。

又本論文既主要採文獻分析法，進而以超越反省法之思辯探究問題核心為主軸來處理，則應當配合「歷史研究法」之縱向觀察，以為人物歷史思想發展之佐證；然後進行問題意識的橫向剖析，以強化內容詮釋的思辯深度，俾有助益於曇鸞思想貫攝之研究。故本研究步驟為（含文獻蒐集與思想推演）：

1. 從幾本有關曇鸞淨土之著述，如《往生論註》、《略論安樂淨土義》、《讚阿彌陀佛偈》等文本，作初步理解和整理，此為第一手資料。

2. 找出曇鸞其它仙術醫學類著作如：

（1）〈調氣論〉、〈服氣要訣〉此屬於神仙類。

（2）另有如〈療百病雜丸方〉、〈論氣治療法〉、〈調氣方〉等醫方類著作。

3. 蒐集國內外有關研究曇鸞的書籍、博碩士論文、期刊論文等，此為第二手資料。

以上第1～3項，將是本論文於文獻上取材之主要範圍。

4. 將蒐集曇鸞現存資料之文本，依此找出與學佛歷程有關之線索，而加以整理。

5. 其間亦同時考察史料，核與文本是否相應，以補文本之不足。

6. 進一步探索撰者生平、時代背景、個人思想等，並製作簡譜，期望能了解其創作動機和意涵。

7. 熟悉文本內文，分析它的思想淵源、思想義蘊、撰文技巧、及其發展和影響。

8. 對曇鸞由仙轉佛之淨土學說，作進一步論述和探析。

9. 提出目前尚未解決之問題，或是仍可研究的方向。

第四節　成果述要

　　本論文對於曇鸞一生，學佛的思想流變以及其思想核心之轉化，其關鍵源皆在於生命是否永得長生？尤其生死是否爲生滅輪轉？亦或爲究竟不生不滅？此皆是本論文最主要欲詳盡探究的地方。同時藉由研究過程，更能體察當時社會何以重視佛教思想之源由，希望有助於後世對淨土思想發展過程作進一步探究和釐清。茲略述本論文之成果如下，以爲閱讀之指引：

1. 緒論

2. 曇鸞的時代背景、生平與著述：本章節主在探討曇鸞所生處之地域、時代與思想背景，正值受當時經學、道教與佛法東傳相互交融影響之時代，而曇鸞如何身處其中以自覺。

3. 曇鸞由仙轉佛之思想探析：此章節主要建立在曇鸞由仙轉佛之求法歷程與關鍵點原來爲何。

4. 曇鸞學佛歷程的轉折與淨土思想的開展：這一章節所探討的重點，主要是在曇鸞學佛之心路歷程——由仙轉淨，其核心思想及淨土含融空宗與唯識思想之如何形成。

5. 結論：其主要在探討曇鸞由仙轉佛之淨土思想對後世產生如何普及且深遠之影響，又與後世之念佛法門有何異同之處。

　　以上各章節，皆爲呈現本論文欲探討曇鸞由仙轉佛之學思歷程之成果，願藉此研究對漢傳佛教有所省思和體會，更期盼能於其間開創出新格局與新視野。

第二章 曇鸞的時代背景、生平及著述考

第一節 時代背景

一、儒家思想之啟蒙

　　在漢武帝罷黜百家，獨尊儒術後，儒家思想成為中國思想的主流；即使經歷了曹魏統治基礎的動盪不安，然儒學思想到了兩晉之際，仍有其不可忽視的勢力，因而亦演變成首次儒與釋、道交涉的局面：

> 漢晉時期的人物極重視名教，儒家名教經常被當作臧否一切的重要標準之一。在儒家人物看來，佛教徒出家顯然大悖名教，這既表現為與孝道的衝突，也表現為與君道的衝突。……因此，當時的佛教徒大多數採取調和佛儒的姿態，努力將佛教思想與儒家倫理相協調，如東晉的孫綽就提出了一個有代表性的說法：「周孔即佛，佛即周孔」（《弘明集》卷三，《喻道論》）而當時的著名高僧廬山慧遠，則通過一系列的理論使得儒佛關係得以進一步的調和，釋慧遠說：「佛亦聽僧冬夏隨緣修道，春秋歸家侍養。故目蓮乞食饗母，如來擔棺臨葬。此理大通，未可獨廢。」（《廣弘明集》卷十），……慧遠的《沙門不敬王者論》及其他的一系列章，可以說為調和這一緊張關係所作的最初的努力，這使得佛教既符合了中國社會的實際情況，又能保持一種超然的地位，無疑是極大地促進了佛教在中國的進一步發展。後來宗密作〈原人論〉，契嵩作〈輔教篇〉，強調儒、釋、道三教合流之說，從而形成中國佛教的主流特色之一，無不可以從慧遠處見端緒」。〔註1〕

〔註 1〕 郭曉東：〈佛教傳入早期的儒佛之爭與慧遠對儒佛關係的調和〉，（四川：《宗教學研究》第 2 期，2001 年），頁 124～128。

接著到了南北朝時期，正是各族的文化得到交流和融化的時刻，也是我國民族大融合的時代。在這樣的時代背景下，曇鸞對儒、釋、道三家的思想也都先後產生了興趣，《續高僧傳》說他：「內外經籍，具陶文理。」〔註2〕可見得：「曇鸞出家後，研讀涉獵很廣，儒、釋、道諸種文化皆成為哺育他的乳汁。」〔註3〕而儒家思想對他的啓蒙，於曇鸞著作中即可得見，《往生論註》中提到：「夫菩薩歸佛，如孝子之歸父母，忠臣之歸君后。動靜非己，出沒必由。知恩報德，理宜先啓。」〔註4〕又「問曰：觀如來莊嚴功德，何所闕少復須觀菩薩功德耶！答曰：如有明君則有賢臣，堯舜之稱無為，是其比也。若便但有如來法王而無大菩薩法臣，於翼讚道。」〔註5〕以君臣父子五倫之道比之於諸佛菩薩法臣，這些可在他發心註經時，即從深解內文意趣上，看出其受儒家思想之影響。

二、玄學與道教的興起

　　玄學的興起，可遠溯到曹魏廢帝齊王芳的正始時代，《文心雕龍·論說篇》說：「迄至正始，務欲守文，何晏之徒，始聖玄論，於是聃（老子）、周（莊子）當路，與尼父（孔子）爭途矣。」〔註6〕玄學思想之所以興起，是因為漢朝一亡（公元220年），政治、社會秩序大亂，頻繁的戰爭和朝代的更迭，讓人心無法安定，於是有士大夫不滿時事而清議的；爾後，為了避禍，不敢與聞世事的清談玄風也相繼出現，於是：「帶有自然、無為對命運不做反抗的老莊思想抬頭。」〔註7〕大家「言及玄遠」，「甚微而玄」〔註8〕，玄學之風成了魏晉南北朝時期名士的避風港。

　　至於道教的起源，可以說乃從東漢末年的五斗米道和太平道結社為始，因為時代動盪不安，加上天災人禍、內憂外患相連，這樣的社會危機，必定

〔註2〕 釋道宣：《續高僧傳》，頁18。

〔註3〕 溫金玉：〈曇鸞大師念佛法門研究〉，（台中：慈光禪學學報第2期2008年6月），頁182。

〔註4〕 釋曇鸞：《無量壽經優婆提舍願生偈註》，頁827上。

〔註5〕 同上，頁832下。

〔註6〕 劉勰著：卓國凌精讀，《文心雕龍精讀·論說第18》，（台北：台北五南圖書出版社，2007年5月），頁20。

〔註7〕 胡孚琛：《魏晉神仙道教——抱朴子內篇研究》，（北京：北京人民出版社，1991年12月），頁36。

〔註8〕 同上，頁42。

促使宗教信仰的形成。但「道教表面上推崇老子，……稱他爲『太上老君』，其實道教後來的教義，和代表老莊思想的道家學說，是背道而馳的……道教徒修持的目的，就是追求白日飛昇，上天界去當大眾神仙。所以道教和道家並無密切的關係，它反而和商周的巫師、秦漢的方士神仙家之說，非常接近。」〔註9〕故而道教求仙之說，最具代表性的是葛洪以及他所著的《抱朴子內篇》，此書已爲神仙道教奠定理論體系和修煉方術，如胡孚琛：《魏晉神仙道教——抱朴子內篇研究》云：「南北朝時期，神仙道教又吸取了佛教的理論和宗教形式，使自己的教規、戒律和宗教儀範完善起來，宗教素質有了根本性的提高。」〔註10〕

　　玄學與道教神仙思想之興起，這股澎湃的風氣，正爲當時的曇鸞所注意：「長年神仙，往往間出，心願所指，修習斯法。果克旣已，方崇佛教，不亦善乎。承江南陶隱居者，方術所歸，廣博弘贍，海內宗重，遂往從之。」〔註11〕因此曇鸞也被當時的玄風氣氛影響不少。

三、佛教東傳與玄學的接觸

　　曇鸞生長的時代，是「神迹靈異」之說流行，談玄風、神仙、道術、靈丹特別盛行之際，這股思潮，曇鸞也受其影響，在尚未接觸到佛教前，曇鸞對魏晉玄學清談、對道教，會想去探索，甚至質疑想釐清，這都是有可能發生的事，在曇鸞《往生論註》中言：「此三界皆是有漏邪道所生，長寢大夢，莫知悕出。是故興大悲心，願我成佛，以無上正見，道起清淨土，出于三界。」〔註12〕這是曇鸞對世間道，其善法因有漏而無法究竟解脫的質疑，所以：「以諸法平等故發心等，發心等故道等，道等故大慈悲等，大慈悲是佛道正因，故言正道大慈悲。」〔註13〕也因爲這樣，曇鸞或想釐清當時的格義問題，爲此，他必須明白佛教是否與玄學有相互融涉而混淆不清的狀況：「佛教東來，解釋善惡報應的『因果』觀念，……由於是外來的新觀念，不可避免的產生了格義的問題，而玄學中王弼與郭象的兩種『自然』觀點，乃成了理解佛教，

〔註 9〕胡孚琛：《魏晉神仙道教——抱朴子內篇研究》，頁 36。
〔註10〕同上，頁 3。
〔註11〕釋道宣：《續高僧傳》，頁 182。
〔註12〕釋曇鸞：《無量壽經優婆提舍願生偈註》，頁 828 中。
〔註13〕同上，頁 828 中。

或抗衡佛教的主要理論資糧。」〔註 14〕由此可知，初期緣起性空的佛教總與有無本末的玄學問題相交涉，在格義的階段中，受玄理影響而激盪出六家七宗的般若學說。

老莊玄學和佛家的相輔流行，也早已在漢末及魏正始年間，見其端倪：「何、王在正始之世，老莊玄談隆盛。而牟子作論（漢獻帝時牟子作〈理惑論〉推尊佛法），兼取釋老，則佛家玄風已見其端。」〔註 15〕曇鸞學佛的時代背景已然透露著「佛教的中國化」〔註 16〕，這漢地佛教的中國化：「大致可以概括爲方術靈神化、儒學化和老莊玄學化等三個方面，這三個方面是互相聯繫、並存並進的……外來佛教與傳統宗教觀念及儒道思想之間的衝突與融合，構成了漢以後中國思想文化發展的重要內容」〔註 17〕所以曇鸞學佛的淵源，亦離不開對中國儒道思想的交涉，以及對傳統文化的認識。

第二節　生平

一、五台聖境

五台山是馳名中外的佛教聖地，與四川峨嵋山、安徽九華山、浙江普陀山，並稱爲我國佛教四大名山。其中五台山，又以建寺歷史悠久和規模宏大，居於佛教四大名山之首。《清涼山誌》是這樣描述五台山的：「清涼山者，乃文殊大士之化宇也。」〔註 18〕《大華嚴經》云：「東北方有處，名清涼山，從昔以來，諸菩薩眾，于中止住。現有菩薩，名文殊師利，與其眷屬，諸菩薩眾，一萬人俱，常在其中而演說法。」〔註 19〕《華嚴經》中

〔註 14〕周大興：〈自然或因果──從東晉玄佛之交涉談起〉，（台北：《中國文哲研究集刊第 22 期》，2003 年 3 月），頁 91。

〔註 15〕湯用彤：《漢魏兩晉南北朝佛教史》，頁 121。

〔註 16〕洪修平：〈論漢地佛教的方術靈神化、儒學化與老莊玄學化──從思想理論的層面看佛教的中國化〉，頁 304：佛教的中國化，一方面不應該違背佛教的基本立場、觀點和方法，同時又應該在探討和解決中國的社會和人生問題中，吸收中國傳統思想文化的內容和方法，爲適應中國社會的需要而有所發展、有所創新，並通過中國化的語言和方式表達出來，這種既不同於中國傳統文化，又有別於印度宗教文化的佛教，就是中國化的佛教。

〔註 17〕同上，頁 304。

〔註 18〕釋鎮澄：《清涼山誌》，（中國書店出版社，1989 年），頁 1～212。

〔註 19〕實義難提譯：《大華嚴經》，（台北：中華電子佛典協會依《卍新纂續藏經》第 85 冊，〈佛祖綱目〉，2004 年 3 月），頁 612 下。

敘述文殊菩薩的說法道場在東北方的清涼山。五台山不僅位於唐都長安的
東北方，也在佛教發源地古印度的東北方。山內氣候歲積堅冰，夏仍飛雪，
曾無炎暑，與《華嚴經》所說吻合。《佛說文殊師利法寶藏陀羅尼經》也稱：
「爾時世尊，復告金剛密迹主菩薩言：我滅度後，於此贍部洲東北方，有
國名大震那，其國中有山，號曰五頂。文殊師利童子遊行居住，為諸眾生，
於中說法，及有無量諸天、龍神、夜叉、羅剎、緊那羅、摩睺羅伽、人非
人等，圍遶供養恭敬。於是世尊復告金剛密迹主言：是文殊師利童子，有
如是等無量威德，神通變化，自在莊嚴，廣能饒益一切有情，成就圓滿福
德之力不可思議。」〔註20〕大震那，或震旦國，都是指中國。文殊師利，
或曼殊室利，是梵語音譯，佛教大乘菩薩之一，有時稱文殊大士，有時稱
文殊童子，都是指種種應化。所以一般的佛教經典都記載，五台山是文殊
菩薩的演教之區。文殊菩薩是「七佛之師」、「三世諸佛以為母」。五台山被
尊為「金色世界」、「清涼淨地」。

　　五峰巍然，頂皆平廣，千峰環開，鐘靈毓秀，佛家以此為佛山靈區，聖
迹應化之事，時有所聞。因此，一直都是名僧匯粹的地方。如東晉淨土宗第
一祖慧遠，北魏的曇鸞，北齊劉謙之，隋代的惠龍；唐代的道宣、窺基、澄
觀、法照、鑑真；宋代的慧悟、成覺；元代的八思巴、了性、海雲大士；明
代的大寶法王、妙峰、憨山、紫柏等等，高僧懿行，記載甚繁。《清涼山誌》
五台山：「幽涵神物，蓄泄雲龍。縈紆盤據，無非梵行之棲。隱顯環匝，儘是
真人之宅。」〔註21〕如此多是「神迹靈異」〔註22〕事蹟，必定召喚許多領受
聖賢教誨之人來山參訪、瞻仰、祝禱。自東漢末印度佛教東傳，魏晉南北朝
時期玄學、清談、方術、道教神仙、隱逸之說盛行，五台山的清淨聖境，因
而更增添靈秀神秘的色彩。

　　魏晉南北朝時期的風氣，帶到北魏孝文帝承明元年（西元476年），大同
府雁門（今山西省代縣）附近，降生了一位「神鸞」〔註23〕——釋曇鸞。曇
鸞因家近五台，十餘歲即帶著對文殊菩薩景行、仰慕之心，登上五台，親自
朝聖，在親臨聖蹟中，心悅歡愉地披剃出家，出家後精勤學佛幾至忘軀忘我

〔註20〕三藏菩提流志譯：《佛說文殊師利法寶藏陀羅尼經》，（台北：中華電子佛典協
　　　　會依《大正新脩大藏經》第20冊，2003年5月），頁791下。
〔註21〕釋鎮澄：《清涼山誌》，頁1～212。
〔註22〕彭際清等：《淨土聖賢錄》，（台中：青蓮出版社，1996年3月），頁42。
〔註23〕同上，頁42。

之境；甚至因染患重疾，跋山涉水地求長生不死之法。其間仍有感應靈驗的事蹟出現，這都與自小居住五台附近，對五台印象一直都籠罩著一層不可思議的應化色彩有關。

二、生平靈異事蹟

《續高僧傳》有記載：「釋曇鸞，或為鸞。未詳其氏，雁門人。家近五台山，神跡靈怪逸於民聽。時未志學，便往尋焉，備覲遺蹤，心神歡悅，便即出家。」〔註 24〕五台山的神跡靈怪曇鸞時有所聞，這也道出了曇鸞幼年時候不凡的襟懷和一些奇特的際遇，此奇特際遇，讓一位很有悟性的曇鸞，在親臨五台山瞻仰聖境時，有著異於常人的感應和經歷。曇鸞所出生的地方——雁門，是郡名，為秦置，今山西北部皆是，而五台山環周五百餘里，也在雁門郡轄。曇鸞為雁門人，若根據慧祥《古清涼傳》說曇鸞出身「本雁門高族」〔註25〕。曇鸞生活的時代，正是佛教在中國北方廣為傳播的時代。

後趙時佛教傳入山西北部，北魏定都平城，諸帝大興佛法。於此背景下，佛教才傳入五台山。作為佛教聖地的五台山，其靈魂為文殊信仰。這種文殊信仰興起於北魏，盛行於唐代。北魏華嚴學盛行，傳入五台山的主要是華嚴學，其時五台山已漸成佛教重鎮。

曇鸞生當北魏後期，道教神蹟、佛教傳說以及五台山名為文殊菩薩應化道場的故事，早已在人間廣為流傳；何況對文殊的信仰，興起於北魏，盛行於唐代。曇鸞正因家近五台山，自幼受儒道薰陶甚深而有慧智，「神智高遠，三國知聞，洞曉眾經，獨步人外。」〔註 26〕一旦接觸佛法，自然更是嚮往；尤其對五台山常聽聞的感應靈跡，更促使他：「少遊五台，感其靈異，誓而出俗。」〔註 27〕爾後曇鸞更是南北朝時代北魏弘傳淨土的一位重要高僧，因為他影響了後世唐淨土二祖善導大師的淨土念佛法門。

關於曇鸞身世之傳聞，極為簡略，其考證變成難事，因此出家之師長為

〔註 24〕 釋道宣：《續高僧傳》，頁 182。
〔註 25〕 釋慧祥：《古清涼傳》，（台北：中華電子佛典協會（CBETA）依大正新脩大藏經第 51 冊，2002 年 1 月），頁 1096 下。
〔註 26〕 釋慧淨：《往生論註要義》，（台中：本願山彌陀淨舍印行，1998 年出版）。
〔註 27〕 釋戒珠：《淨土往生傳》卷上，（台北：中華佛教百科全書——《大正藏》51 冊），頁 113 中。

何，僧傳中均未詳載〔註28〕；倒是曇鸞平時經歷的靈異聖跡事件不少，《續高僧傳》及《淨土聖賢錄》皆有記載。《續高僧傳》云：

> 神跡靈怪，逸於民聽。（菩薩神通感應等靈驗聖跡，人民常樂於聽聞）
>
> 入城東門，上望青宵，忽見天門洞開，六欲階位，上下重復，歷然齊睹，由斯疾愈。
>
> 鸞從座下，仍前直出，詰曲重沓，二十餘門，一無錯誤。帝極嘆訝曰：此千迷道，從來舊侍，往還疑阻，如何一度，遂乃無迷？（重雲殿內，破梁武帝之千迷道。）
>
> 還至浙江，有鮑郎子神者，一鼓湧浪，七日便止，正值波初，無由得度。鸞便往廟所，以情祈告，必如所請，當為起廟。須臾，神即見形，狀如二十，來告鸞曰：若欲度者，明旦當得，願不食言。及至明晨，濤猶鼓怒。才入船裏，帖然安靜。（為浙江江神，更起靈廟。）
>
> 魏主重之，號為神鸞焉。
>
> 春秋六十有七，臨至終日。幡花幢蓋，高映院宇。香氣蓬勃，音聲繁鬧。預登寺者，並同矚之。〔註29〕

《淨土聖賢錄》

> 見神迹靈異，因發信心出家。
>
> 魏主重之，號為神鸞，敕住并州大寺。
>
> 興和四年，一夕，寺中見梵僧謂曰，吾龍樹也，久居淨土，以汝同志，故來相見。
>
> 鸞自知時至，西向稽顙而終。在寺者俱見幡華幢蓋，自西而來。天樂盈空，良久乃已。〔註30〕

以上諸多記載，可以看出曇鸞一生出現許多感應靈驗聖跡，而且曇鸞還能領悟其中奧妙，甚至於毫無執著地立即轉化原來修持的法門，如此不假思索的轉變，應該和他對佛法有深切體悟（接觸空宗與淨土）及切身修為、身體力行之學思歷程有關：「肇公言：法身無像而殊形並應，至韻無言而玄籍彌

〔註28〕一說曇鸞大師出家的寺院即是五臺山著名的佛光寺。《古清涼傳》說：「在俗之日，曾止其寺，為庵，心祈真境。既而備睹聖賢，因即出家。其地即鸞公所止之處也。」《古清涼傳》卷上，《大正藏》51冊，頁1096下。

〔註29〕釋道宣：《續高僧傳》，頁182～185。

〔註30〕同上，42～43頁。

布，冥權無謀而動與事會，蓋斯意也。」〔註31〕感應是一種與天地直覺的法，是心與天地相通的無爲，無以言說，心領神會：「阿彌陀如來爲增上緣，他利之與利他談有左右。若自佛而言，宜言利他；自眾生而言，宜言他利。今將談佛力，是故以利他言之，當知此意也。凡是生彼淨土及彼菩薩人天所起諸行，皆緣阿彌陀如來本願力故。何以言之，若非佛力，四十八願便是徒設。」〔註32〕就因爲他力的佛唯靠信持願力，才得領受佛的法益，而這樣神異奇特的修行歷程，無怪乎受到南北朝帝王和朝野僧俗的尊崇，魏孝靜帝稱他爲「神鸞」；梁武帝稱他是「肉身菩薩」；而曇鸞自號爲有魏玄簡大士〔註33〕。如此人格特質，曇鸞早已對生命有某種特殊感悟，曇鸞由專研空宗竟而學仙再轉而修淨，其間一切學思歷程皆非偶然。

三、交遊及師承

（一）交遊

關於曇鸞出家後生平的交遊情形，歷來編寫曇鸞傳記的大德如道宣法師《續高僧傳》卷六、迦才《淨土論》卷下的〈曇鸞傳〉、《佛祖統紀》卷二十七、《古清涼傳》卷上、文諗與少康《往生西方淨土瑞應傳》、《淨土往生傳》卷上、《往生集》卷一等，都很少提及生平的交遊情形，因此對於大師的交遊，我們只能從平時喜歡涉獵的儒、釋、道諸經教理中，去推想他所結交的善友，有可能是當時的經學家、清談名士、道士、醫生、方術之士等，其交遊情形應當是普遍而廣泛的。

爾後，他將更傾心力於佛學，即「於四論佛性，彌所窮研。」〔註34〕可見曇鸞在出家之初，對佛教義理是下過一番功夫的，特別是對空宗的中道觀情有所鍾〔註35〕。這時交遊的範圍也許因專研而縮小，直到「讀大集經，恨其詞義深密，難以開悟。因而註解，文言過半，便感氣疾，權停筆功，周行醫療。」〔註36〕才再度起身毅然長途跋涉，赴南朝梁地求訪住在茅山的道教名士陶弘景，得到了陶隱居送的十卷長壽仙方，其交遊的情形又是一番新經歷。

〔註31〕釋曇鸞：《無量壽經優婆提舍願生偈註》，頁841上。
〔註32〕同上，頁843下。
〔註33〕釋道宣：《續高僧傳》，頁185。
〔註34〕同上，頁182。
〔註35〕同上。
〔註36〕同上。

曇鸞在北上歸途中路經洛陽，與天竺僧人菩提流支談論佛經，他問佛法
中有沒有勝過中土的長壽之法？菩提流支說中土的長壽仙方不能長生，贈給
他《觀無量壽經》〔註37〕，並說這本經是解脫生死的大仙方。佛教文獻中記
載曇鸞受菩提流支的影響，焚燬了陶隱居送的仙方，一心致力於淨土經典的
研究和淨土思想的弘揚〔註38〕。往後已非「交遊」上所能形容，曇鸞因弘揚
念佛法門而廣結善緣。

綜觀曇鸞交遊的過程可知，一位實修的菩薩行者，於自利之餘亦必發心
於利益大眾之事而完成利他的事業；曇鸞能遇上菩提流支或絕非偶然，這其
間是否帶有著一份感應佛道而又神聖的使命，此份神聖的使命是否為法界所
賦予──找到解脫生死的法鑰──那個中極細微靈妙的因緣，非言語文字所
可描摹，亦實難思議。

（二）師承

一位好樂佛法的法師，在他學佛的歷程裡，必定有相應的法師是他想依
止的；然可惜的是對於曇鸞師承的相關典籍卻都甚少記載，也很難考證，諸
如出家之師長為何，僧傳中均未詳載。首先《續高僧傳》、《淨土聖賢錄》裡
約略提到大乘空宗的創始人龍樹菩薩及其弟子提婆。而曇鸞為了尋找長生不
死的仙術，去請教茅山道人陶弘景；只是半途卻因遇上菩提流支，從此改變
修學佛法的命運。曇鸞的師承雖非一脈相承，秉尊師訓，但卻都在恰當的時

〔註37〕溫宗堃：〈世親《淨土論》的淨土思想及其禪修實踐之研究〉，（台北：中華佛
　　　　學研究所，2006 年），頁 7～11：世親《淨土論》在大正藏中的原來名稱為《無
　　　　量壽經優波提舍願生偈》。後人多簡稱為《淨土論》或《往生論》。……曇鸞
　　　　於《淨土論註》中，對經題的「無量壽」作註解說：「無量壽」是安樂淨土如
　　　　來別號、釋迦牟尼佛在王舍城及舍衛國於大眾中說無量壽佛莊嚴功德，即以
　　　　佛名號為經體。」就此而言，曇鸞或許是將此處的「無量壽經」視為《佛說
　　　　無量壽佛經》、《觀無量壽佛經》（王舍城所說）及《阿彌陀經》（舍衛城所說）
　　　　等三部經典。曇鸞的這種說法也為後代日本淨土宗所繼承，認為《淨土論》
　　　　是通論這三部彌陀淨土經典。這樣的解釋，也可以被經題的「優波提舍」所
　　　　支持。……優波提舍是指任何對經典的解釋、說示，……總之是泛指一切對
　　　　經典加以註釋的論書。……古今學者一致認為：對《淨土論》原來經題中的
　　　　「無量壽經」較為妥當的理解方式是：將之理解為：只是指涉與阿彌陀佛淨
　　　　土有關的諸多經典，而非單一的《無量壽經》或《阿彌陀經》。然而，如後文
　　　　將說明的，《往生論》的內容雖是談及阿彌陀佛，但其所闡述的義理，卻未必
　　　　是完全根據論述阿彌陀佛淨土的經典，反而更接近與瑜伽唯識派有密切關聯
　　　　的《十地經》、《攝大乘論》及《瑜伽師地論》等。
〔註38〕張育英：〈三晉歷史人物〉，（北京：書目文獻出版社，2001 年 11 月），頁 1。

機裡值遇良師，而爲他解迷開悟，這似乎又呼應著曇鸞在五台時的感應靈跡，且每值遇一次，就會有一次法身慧命的蛻變。以下就簡要介紹這幾位善知識，他們是如何影響曇鸞的思想及其學佛歷程：

1. 龍樹菩薩〔註39〕

曇鸞曾夢見龍樹菩薩告知久居淨土一事，在《淨土聖賢錄》裡：「興和四年，一夕，寺中見梵僧謂曰：吾龍樹也，久居淨土，以汝同志，故來相見。」〔註40〕此語一出，曇鸞立即知曉往生西方之期可望，於是自知時至，宣告弟子：「集眾教誡曰：勞生役役，其止無日。地獄諸苦，不可不懼。九品淨業，不可不修。因令弟子高聲唱佛，西向稽顙而終。」〔註41〕龍樹菩薩對曇鸞的影響，不只讓曇鸞在般若空義上下工夫，同時也讓他注意到後來遇到的淨土法門，而這些都與龍樹菩薩對他在思想上的啓迪有關。曇鸞私淑龍樹菩薩，由此感召龍樹菩薩託夢告知久居淨土事，喚醒曇鸞將生西之兆，如此隱微又瞬息萬變的心念交感，已超越宇宙時空，僅只在當下一念。

〔註39〕龍樹是大乘佛學的創始人：據《百論序疏》，說他生于佛滅度後 530 年，在公元 2 世紀左右。是南印度的婆羅門種姓，精通婆羅門教義。傳說其父姓龍，母生他於樹下，故名龍樹。龍樹生來天聰奇悟，孩童時代就能背誦四吠陀典，稍長盡知世間一切學問，曾以過人才華而馳名如天文地理與諸法術無不通曉，讀盡《阿含》等三藏教典。後北游至大雪山深處，遇一老比丘授以摩訶衍讀誦受持，甚大歡喜，猶未滿足，廣事尋求，亦未有所得。又爲了深入大乘空義，並以神通力到龍宮，得大龍菩薩接引而至龍宮學習大乘妙法，開七寶藏，「以諸方等深奧經典無量妙法授之」，任其閱讀，通練甚多，其心深入，體得實利，證無生忍，二忍具足，達到七地菩薩階位後出龍宮，得諸經一箱。後出龍宮，取回《華嚴經》，從此大弘大乘佛法，摧伏諸多外道，並得到文殊菩薩的指導，將大乘空義發揮到極致，建立佛教四部宗義中最高的中觀派的宗義。龍樹是印度佛教中觀學說的開創者，吸收綜合了初期大乘佛教經典的相關理論，對佛教「性空」的觀念給以完整的論述，緣起性空思想成爲大乘佛教的基礎。龍樹菩薩論著極爲豐富，如：《大智度論》、《中論》、《十二門論》、《七十空性論》、《回諍論》、《六十頌如理論》、《大乘破有論》、《十住毗婆沙論》、《大乘二十頌論》、《菩提資糧論》、《寶行王正論》、《勸誡王頌》等，造論之多，世所罕見，故被譽爲「千部論師」。也是中國的八宗之祖：即禪宗、淨土、律宗、密宗、天臺宗、賢首宗、三論宗、法相宗之祖。

〔註40〕彭際清等：《淨土聖賢錄》，頁 42。

〔註41〕同上，頁 42～43。

2. 天親菩薩〔註42〕

相傳天親菩薩造論甚多，所著諸書，除《俱舍論》外，《唯識二十頌》、《唯識三十頌》、《十地經論》、《無量壽經優波提舍願生偈》（《往生論》）等書。這四部書分別是我國唯識宗、地論宗與淨土宗的思想核心，對後世也都有極深入與廣泛的影響。曇鸞便是將《無量壽經優波提舍願生偈》作註的作者，雙承龍、天二祖法脈，造《往生論註》，揭示《往生論》奧義，以「自他二力」，釋難易二道，顯明彌陀本願他力之旨。

歷來為《往生論》作註的便很少，可以說曇鸞為《往生論》作註，前無古人後亦無來者，又因為作註之故，曇鸞對《無量壽經優波提舍願生偈》的內容，猶比他早先註《大集經》更為投入。曇鸞為了讓淨土法門更加清楚明白，因此對天親菩薩所提出的「五念門」特別提倡並詳為廣說，由此可看出他承襲天親菩薩念佛法門，但又加以開創並發揚光大的堅定信念。

3. 陶弘景〔註43〕

曇鸞為了續佛法慧命，不惜長途跋涉，翻山越嶺地尋求長生之法，最後

〔註42〕天親菩薩：又作世親，梵名婆藪盤豆，為古印度大乘佛教瑜伽行派創始人之一。生於釋迦牟尼佛滅度後九百年（約西元四、五世紀之間），為北印度犍陀羅國富妻沙富羅城夏普拉（即今白夏瓦）人。後於龍樹菩薩約二百年，婆羅門種族之家。父為國師，兄弟三人，兄名「無著」，弟名「師子覺」。天親菩薩亦於說一切有部出家，博學多聞，遍通墳籍；神才俊朗，無可為儔；戒行清高，難以相匹。天親菩薩在弘揚小乘的階段，著述頗豐，有「千部論主」之譽，其中以《俱舍論》影響最為廣泛，時稱「聰明論」。此論在中國也影響甚廣，早在南北朝時期，就出現了專事研究並弘揚《俱舍論》的俱舍師。天親轉入大乘之後，盡全力於瑜伽、唯識之學的弘揚。

〔註43〕陶弘景（456年～536年）：字通明，自號華陽隱居，丹陽秣陵（今南京）人。南朝南齊、南梁時期道士、醫學家、哲學家（道家學者）和文學家。他精通棋術，善於彈琴，也是個書法家，還是道教茅山宗的開創者。陶弘景出身於南朝士族家庭，堯帝陶唐的後代，七世祖陶浚，三國時吳國的鎮南將軍，後降晉為尚書。祖父陶隆，好武功，解藥性。父陶貞寶，字國重，文武全才。自幼聰明異常，十歲時獲得葛洪《神仙傳》，日夜研讀，萌發養生之志。十五歲著《尋山志》。二十歲被引為諸王侍讀，後拜左衛殿中將軍。30歲左右時拜陸修靜弟子孫游岳為師，成為上清脈傳人。三十六歲梁代齊而立，隱居句曲山（茅山）。梁武帝禮聘不出，但朝遷大事輒就諮詢，時人稱為「山中宰相」。弘景為人，《梁書·處士傳》稱陶弘景：「圓通謙謹，出處冥會，心如明鏡，遇物便了。」又作渾天象，高三尺，刻有二十八宿度數，七曜行道，用於天文曆法。大同二年去世，時年八十一歲（一說八十五歲），顏色不變，屈申自如，香氣滿山，數日不散，諡「貞白先生」。曾整理古代的《神農本草經》，並增收魏晉間名醫所用新藥，成《本草經集註》七卷，共載藥物730種，並首創沿用至今的藥物分類方法，著有《真誥》、《真靈位業圖》、《陶氏效驗方》、《補闕肘後百一方》、《陶隱居本草》、《藥總訣》等。

他求教於陶弘景，史傳雖未詳載曇鸞與陶弘景會面時的情景，然而陶隱居對曇鸞的學習能力、智慧與志向卻處處嘉許，且是相當欣賞的，《續高僧傳》中記載：「鸞尋致書通問。陶乃答曰：去月耳聞音聲，茲辰眼受文字，將由頂禮歲積，故使應眞來儀。正爾整拂藤蒲，具陳花水，端襟斂思，佇聆警錫也。及屆山所，接對欣然。便以仙方十卷，用酬遠意。」〔註44〕陶弘景之所以能馬上授以仙經，必是對曇鸞穎悟的能力相當肯定。同時也可以推知，曇鸞就是受過當時道教、仙術、煉丹、氣功等養生之術的影響，所以才撰寫過仙術醫學類著作如〈調氣論〉、〈服氣要訣〉這屬於神仙類，另有醫方類如〈療百病雜丸方〉、〈論氣治療法〉、〈調氣方〉等著作。以目前僅存的〈調氣論〉，其整篇文字內容不只是說明調氣的理論而已，尚且有佛法融入其中去談養生，若推斷無誤，曇鸞的仙術醫學類著作應是在出家後才撰寫的，至於是否也將淨土思想融會其中，此部分將移到「仙術醫學類著作」時再討論。

4. 菩提流支〔註45〕

曇鸞未服膺淨土法門之前，曾到江南向道士陶弘景求得長生仙方，回北方途中在洛陽得遇菩提流支，流支向他說明長生不死解脫的道理，並授給他《觀無量壽佛經》及自己譯出的《無量壽經論》（通稱《往生論》）。曇鸞得此啓示和經、論，便廢棄仙方，按《經論》介紹的天親所倡5種念佛法門修行，又加以創造發揮，行化各地，爲創建淨土宗奠定了基礎。所以佛教史上一般認爲曇鸞的淨土學說乃是傳自菩提流支。

綜上而言，從《續高僧傳》裡提到：「內外經籍，具陶文理。而於四論佛性，彌所窮研。」〔註46〕所謂「四論」，指的是龍樹、提婆一系對《大般若經》

〔註44〕釋道宣：《續高僧傳》，頁183。
〔註45〕菩提流支，北魏僧人，佛經翻譯家。一譯菩提留支，意譯道希，北印度人。深悉三藏，顯密兼通。北魏永平元年（508）攜大量梵本，經葱嶺來洛陽。宣武帝慰勞禮遇，請居靈太后所建規模宏麗的永寧寺。當時，該寺有印度、西域僧700人，而以菩提流支爲翻譯的宗主。後隨東魏遷到鄴城（今河北臨彰），繼續翻譯。到天平二年（535），前後20餘年所譯經論，據唐《開元釋教錄》刊定，有《金剛般若波羅蜜經》1卷、《彌勒菩薩所問經》1卷、《深密解脫經》5卷、《入楞伽經》10卷、《彌勒菩薩所問經論》5卷、《法華經論》2卷，等共30部101卷。其翻譯偏重大乘瑜伽行派思想，所譯《入楞伽經》，對於北方禪師的修禪，有一定的影響。他又以《觀無量壽經》授與曇鸞，並譯有《無量壽經論》，對於淨土宗的建立也起了很大的作用，菩提流支對中國淨土宗的形成也有貢獻。
〔註46〕釋道宣：《續高僧傳》，頁182。

注釋的著作，《大智度論》、《中論》、《十二門論》、《百論》等，強調「緣起性空」，主張宇宙萬物的形成只是各種條件的結合，並無永恆自存、自生的本體。曇鸞私淑龍樹、提婆一系對《大般若經》注釋的著作，其中：「讀《大集經》，恨其詞義深密，難以開悟，因而註解。」〔註47〕對此特別深入，幾乎傾力專研至：「文言過半，便感氣疾，權停筆功，周行醫療。」〔註48〕這時只好停筆，而重新省思生命的限度，「顧而言曰：命惟危脆，不定其常。本草諸經，具明正治。長年神仙，往往間出。心願所指，修習斯法。果克既已，方崇佛教，不亦善乎！承江南陶隱居者，方術所歸。廣博弘瞻，海內宗重，遂往從之。」〔註49〕曇鸞是否拜師陶弘景？文獻並未詳載，只提到「授以仙經十卷，欣然而還」〔註50〕，隨即下山，一波三折：「行至洛下，逢中國三藏菩提流支。」於是淨土念佛的因緣成熟了，佛法中的「長生不死法」從此揭開序幕，逐漸廣傳於世間。

四、由仙入佛的因緣

一切法由心想生，一切緣起亦皆由心法而來，緣生緣滅，緣起性空。曇鸞初出家對「空」性特別有興趣，法師是真修行者，一旦對研讀的經義有了深刻的理解和體會，曇鸞會很認真投入，他認為曇無讖譯的《大乘方等大覺經》詞義深密，難以開悟，於是就著手為此經作註。中途積勞成疾，為了治療氣疾出門尋訪名醫，走到汾州時氣疾好了許多。曇鸞深感生命脆危，人生無常，發願求長生之術，以完成自己修習佛法的弘願。時聞南朝隱士陶弘景精研神仙方術，即往江南尋訪。至建康，與梁武帝在重雲殿談論佛性，深得讚許〔註51〕。曇鸞到達梁都建康（今南京）後，梁武帝時他進行了二次考驗。一次是曇鸞從容地獨自走出如迷宮一樣的重雲殿千迷道；一次是他立即破悟了梁武帝標幟性空思想的舉動。梁武帝為曇鸞驚人的記憶和大乘空宗思想的敏識所折服，對他禮敬讚嘆！接著他就為梁武帝講說性空之學，然後在茅山見到了陶弘景，得到了陶隱居送的十卷長壽仙方。

曇鸞在北上歸途中路經洛陽，與天竺僧人菩提流支談論佛經，請教「佛

〔註47〕釋道宣：《續高僧傳》，頁182。
〔註48〕同上，頁182。
〔註49〕同上，頁182。
〔註50〕同上，頁182。
〔註51〕同上，頁182。

法中頗有長生不死法，勝此土仙經者乎？」〔註52〕菩提流支回答說：「是何言歟！非相比也。此方何處有長生法？縱得長年，少時不死，終更輪迴三有耳。」〔註53〕並把一部《觀無量壽經》授予曇鸞說：「此大仙方，依之修行，當得解脫生死。」〔註54〕他問佛法中有沒有勝過中土的長壽之法。菩提流支說中土的長壽仙方不能長生，贈給他《觀無量壽經》，並說這本經是解脫生死的大仙方。佛教文獻中記載曇鸞受菩提流支的影響，焚毀了陶隱居送的仙方，一心致力于淨土經典的研究和淨土思想的弘揚。孝靜帝令他住并州大寺，晚年移住汾州（今山西交城縣）石壁玄中寺，玄中寺因淨土念佛而名聲大噪。

曇鸞從事淨土法門的教化活動，據推測當是在西曆 530 年後約十數年左右的晚年。曇鸞的迴心淨土，雖肇始於菩提流支所啓發的機緣，但促成其迴心的主要因素，實則歸本於他素來對於龍樹思想的關心。在《淨土論註》的卷頭，曇鸞以「謹案龍樹菩薩《十地毗婆沙》云」一文，揭示其「難行道」、「易行道」的宗教抉擇出於龍樹，而在《讚阿彌陀佛偈》裡，也有參照菩提流支譯《入楞伽經》中懸記「龍樹安樂國往生」〔註55〕的痕跡，尤其是《淨土論註》中，他大量引用羅什門下解空第一的僧肇（374～414）《肇論》等文章，由此看來，更可想見其對龍樹思想的傾服。對龍樹其人的精神渴仰，在同時代的道詮的發願文裡亦可見及曇鸞作爲一位四論學徒，他對龍樹的態度，從思想的理解轉化到信仰的認同，可說也是理所當然的。不過，「《淨土論註》乃是世親《淨土論》的注釋書，如果欠缺對於世親思想的理解，基本上也是不可能的事。換言之，曇鸞在結合世親的唯識思想和龍樹的中觀思想上，是有他個人的獨到之見的。」〔註56〕同時也更可看出他由仙轉佛之學思信念絕非憑空而來。

〔註52〕 釋道宣：《續高僧傳》，頁 184。

〔註53〕 同上，頁 184。

〔註54〕 同上，頁 184。

〔註55〕 菩提流支譯：《入楞伽經》，（台北：中華電子佛典協會（CBETA）依《大正新脩大藏經》第 16 冊，2004 年 1 月），頁 565 中：名龍樹菩薩，能破有無見。爲人說我法，大乘無上法；證得歡喜地，往生安樂國。

〔註56〕 陳敏齡：〈曇鸞的淨土思想──兼論北魏金石碑銘所見的淨土〉，（台北：東方宗教研究第四期，1997 年 10 月），頁 47～66。

第三節 著述

一、一般佛學著作

　　曇鸞十四歲於五台山削髮後，日夜不輟廣讀內外經籍，尤其喜愛研讀《大智度論》、《中論》、《十二門論》、《百論》等與大乘空觀義理相應之佛教典籍，可見曇鸞剛出家時非淨土信仰者，而是研究空宗的學者。他到了晚年才信仰淨土法門，從出家到接觸淨土法門之前，將近四十年的時間從事空宗思想的研究與體悟，不但繼承僧肇（384～414）的空論思想，又結合龍樹與天親的思想，後世嘗推尊他為四論宗初祖。曇鸞一般佛學思想之著作，據文獻記載，只有《大集經註》（今已亡佚）；然《大集經註》雖已亡佚，但《大方等大集經》仍在經藏中，《大方等大集經》在大正藏大集部類裡，我們仍可從文本內容來探尋曇鸞對大乘空觀思想的精闢了解，甚而進一步明白，曇鸞是如何為往後值遇淨土思想，因此奠定了堅定不移的信念；而這部分內容，將放入第四章第一節四、註《大集經》時，再作進一步討論，此處僅簡要提及。

二、淨土著述

　　曇鸞佛學思想有關淨土之著述，歷代皆以《往生論註》二卷、《略論安樂淨土義》一卷、《讚阿彌陀佛偈》一卷，三本作為代表，而此三本著作，可以說是早期修持有關淨土法門相當重要的論著；尤其曇鸞為《往生論》（一卷）作註，已成絕響，後世依此奉為圭臬，而無有超越者。印光大師在《往生論註序》上提到：「天親菩薩《往生論》，淨宗之要典也，世罕流通。曇鸞法師之註，文暢達而義深邃，洵足開人正智，起人正信，乃淨業學人之大導師。惜中國久已失傳。」〔註57〕對於曇鸞的註文，能在那樣動盪不安的時代裡，還為眾生指引出一條極方便的成佛大道，這是印光大師感受曇鸞作註之不易之處，讚歎並推崇他實為「淨業學人之大導師」也，很可惜後世忽略了。然而曇鸞作註這令我們回想起，曇鸞初出家時，專心致力於為《大集經》作註時的勇猛精進；但曇鸞為何不再註《大集經》，而改註《往生論》呢？為了詳加說明曇鸞一生，主要留下的經論為何是淨土著述而非其他？且為何對他一

〔註57〕簡豐文發行：《往生論輯註》，（台北：財團法人佛陀教育基金會，2004 年 7月），頁 2。

生學佛思想歷程有著密不可分的關鍵，以下便加強對此三本著述的要義介紹：

（一）《往生論註》

天親菩薩的《往生論》影響著曇鸞決定修淨土，一心念佛，不再回歸他原本情有獨宗的大乘空宗之四論及《大集經》，還儼然放下可修得長生不死的仙經。菩提流支所交予曇鸞的《無量壽經優波提舍願生偈》是曇鸞修學佛法的重要關鍵，也是為曇鸞生命的轉捩點開啟另一里程。天親菩薩所提出的五念門，曇鸞以作註分上、下二卷，更加以發揮其中念佛的要旨，甚而有更進一步的體會和認識，將念佛法門帶入他力的觀念，讓後代想要修持此法門的人，重燃信心和希望。天親菩薩說：「無染清淨心、安清淨心、樂清淨心，此三種心略一處，成就妙樂勝真心應知。」〔註58〕，又「何等三種？一者無染清淨心，不以為自身求諸樂故。二者安清淨心，以拔一切眾生苦故。三者樂清淨心，以令一切眾生得大菩提故。以攝取眾生生彼國土故，是名三種隨順菩提門法滿足應知。」〔註59〕依此「隨順菩提門法滿足故」便更加發揮「五種門漸次成就五種功德」，所以天親菩薩的五念門，仍以建立在自利利他菩薩行的基礎上說淨土法門的殊勝。

曇鸞在準備註《往生論》前，立刻讓他記起過去：「龍樹菩薩《十住毘婆沙》云：菩薩求阿毘跋致有二種道，一者難行道；二者易行道。」〔註60〕的問題，因為難行道指的是全靠自力，而曇鸞說：「易行道者，謂但以信佛因緣願生淨土，乘佛願力，便得往生彼清淨土，佛力住持，即入大乘正定之聚，正定即是阿毘跋致。譬如水路乘船則樂，此《無量壽經優婆提舍》，蓋上衍之極致，不退之風航者也。」〔註61〕這是捷徑中的捷徑，方便中的方便，曇鸞很清楚：「經言十念者，明業事成辦耳，不必須知頭數也。如言蟪蛄不識春秋，伊蟲豈知朱陽之節乎。」〔註62〕眾生：「但以十念念阿彌陀佛，便出三界繫業之義，復欲云何。」

〔註58〕 婆藪槃豆菩薩造，三藏菩提流支譯：《無量壽經優波提舍》，（台北：中華電子佛典協會（CBETA）依《大正新脩大藏經》第26冊，2003年6月），頁232下。

〔註59〕 同上，頁232下。

〔註60〕 釋曇鸞：《無量壽經優婆提舍願生偈註》，頁826上。

〔註61〕 同上，頁826上。

〔註62〕 同上，頁833下。

〔註63〕本來深奧難解的道理，若在簡單中進行，是：「在心、在緣、在決定，不在時節久近多少也。」〔註64〕曇鸞對於解脫生死的究竟之道已無須遠求了，他已找到了生脫死的長生之法，鑰匙既已取得，焉有不開啓的道理。

歷來對《往生論註》特別推崇備至的，莫過於印光大師的〈往生論註敍〉，印光大師對曇鸞作《往生論註》讚歎不已：

> 曇鸞法師撰註詳釋，直將彌陀誓願，天親衷懷，徹底圓彰，和盤托出，若非深得佛心，具無礙辯，何克臻此。夫淨土一法，爲一切諸法之所歸趣，以故華嚴證齊諸佛之等覺菩薩，尚須以十大願王迴向往生；則文殊、普賢、馬鳴、龍樹、智者、慈恩、清涼、永明等，自行化他，同歸淨土者，有由來矣。知此則唯執自力，不仗佛力者，可以怳然驚、憬然悟！以期現生即得出此娑婆，生彼極樂，與觀音勢至等諸上善人俱會一處，常時親炙阿彌陀佛，以冀證無生忍，圓滿菩提而後矣也。吾言不足信，請質之普賢菩薩，自可無疑矣。民國十一年壬戌五月望日常慚愧僧釋印光謹撰。〔註65〕

印光大師很清楚，末法時代的眾生，若非仰仗他力救拔，是很難脫離六道輪迴的。他甚至以警告的語氣，來喚醒眾生切莫等閒視之，他說：「同歸淨土者，有由來矣。知此則唯執自力，不仗佛力者，可以怳然驚、憬然悟。」這是很現實的問題，離佛陀時代越遠，若想解脫生死只靠自力是很難解決的。印光大師看到曇鸞能看出這個關鍵問題，非常不容易。因此讚歎他：「曇鸞法師撰註詳釋，直將彌陀誓願，天親衷懷，徹底圓彰，和盤托出，若非深得佛心，具無礙辯，何克臻此。」此無疑非具備相當之悟性、智慧觀照力及洞察力不可，然而曇鸞都具備了。最後印光大師爲了肯定此語決定不疑，便再一次強調：「吾言不足信，請質之普賢菩薩，自可無疑矣。」直可謂用心良苦。

（二）《略論安樂淨土義》

本文全以問答方式來介紹阿彌陀佛的極樂世界，主旨在說明阿彌陀佛如何弘誓大願，而有此安樂淨土；又安樂淨土是如何殊勝、如何功德莊嚴；眾生當如何生起信願，如何往生的。文中雖是九問九答，但可歸納爲六個問答：

第一問答主要在闡明，安樂淨土爲阿彌陀佛別業所得，非三界所攝也。

〔註63〕釋曇鸞：《無量壽經優婆提舍願生偈註》，頁 826 上。
〔註64〕同上，頁 833 下。
〔註65〕釋曇鸞：《往生論註敍》，頁 1。

　　第二問答則將天親菩薩《無量壽論》即《往生論》所提到的：「二種清淨，攝二十九種莊嚴成就。二種清淨者：一器世間清淨；二是眾生世間清淨。器世間清淨有十七種莊嚴成就。……眾生世間清淨有十二種莊嚴成就。……如實修行。」〔註66〕此詳細地解說極樂世界，何以如此清淨莊嚴之故。

　　第三問答指出《無量壽經》中所提到上中下三品如何往生的因緣。

　　第四問答則指出「以疑惑心往生安樂名曰胎生者」〔註67〕，處七寶宮殿中，心不受樂，不必得往生安樂，只憶出離。

　　第五問答說明阿彌陀佛以不思議智、不可稱智、大乘廣智、無等無倫最上勝智，來對治所疑，進而破除疑障。

　　第六問答解說如何教導眾生十念相續便得往生，如何無他心間雜，而能成就十念相續之故。

　　最後僅以：「此命斷時，即是生安樂時。一入正定聚，更何所憂也。」〔註68〕來勸勉眾生，發願往生安樂淨土，以永斷生死憂惱，如此殊勝功德，曇鸞認為即是讚歎阿彌陀佛極樂世界的清淨莊嚴，為世間所難倫比。

（三）《讚阿彌陀佛偈》

　　《讚阿彌陀佛偈》是以七言四句以上為一讚偈，共讚一百九十五頌，禮五十一拜〔註69〕。然而，為何須有禮拜？以筆者推究，其實這才是曇鸞為何作此讚偈的最主要精神所在──這裡有養生之道、無量光無量壽之道，亦是一位修行者行門工夫的展現──如何以「如實修行」而自利利他。我們別小看這短短的《讚阿彌陀佛偈》，它或許是曇鸞學佛中學思歷程的最後體驗，這裡融和了般若空觀、往生行因、甚而氣功、仙術、醫方等真實道理，因為《讚阿彌陀佛偈》的一開頭，即說明：「釋名無量壽傍經奉讚亦曰安養」曇鸞一定是感受到佛光不可量、一切無礙，謹以至誠懇切的感恩心，由衷領受他力──佛光注照的充實圓滿，故「亦曰安養」，所以只要讚頌阿彌陀佛必有無量光、無量壽、無量智慧，故曰安養。

〔註66〕釋曇鸞：《略論安樂淨土義》，（台北：中華電子佛典協會（CBETA）依《大正新脩大藏經》第47冊，2003年6月），頁1上。
〔註67〕同上，頁2上。
〔註68〕釋曇鸞：《略論安樂淨土義》，頁3下。
〔註69〕釋曇鸞：《讚阿彌陀佛偈》，（台北：中華電子佛典協會（CBETA）依《大正新脩大藏經》第47冊，2003年6月），頁424中，末後列出：「共一百九十五頌，禮五十一拜」。

《讚阿彌陀佛偈》在禮拜前，一開始便會說：「南無至心歸命禮西方阿彌陀佛」，接著讚頌一偈詩文，而每讚頌一偈詩文後，再以「願共諸眾生往生安樂國」作爲迴向。這樣不斷地重覆讚頌，「南無至心歸命禮西方阿彌陀佛」與一偈詩文，末後再出現「願共諸眾生往生安樂國」，如此一共出現了 52 遍，但若再加上前後兩段各有一組最後的短讚文即：

南無至心歸命禮西方極樂世界觀世音菩薩

願共諸眾生往生安樂國

南無至心歸命禮西方極樂世界大勢至菩薩

願共諸眾生往生安樂國

南無至心歸命禮西方極樂世界諸菩薩清淨大海眾

願共諸眾生往生安樂國

普爲師僧父母及善知識法界眾生，斷除三障，同得往生阿彌陀佛國，

歸命懺悔

這樣一共出現了 60 遍並非 51 遍，則爲何《大正新脩大藏經——讚阿彌陀佛偈》裡說的卻是 51 禮拜呢？當然這其中必有玄機，我們都知道作文須分段落，也要標點作爲停頓接續的準備，因此《讚阿彌陀佛偈》也不例外，就像《禮佛大懺悔文》的前五十三佛與後三十五佛當中作爲分段一樣。《讚阿彌陀佛偈》的前十五拜中，前二拜說明何以禮佛之因，然後接著是十二拜，這十二拜是讚偈之中最重要的中心思想，十二拜即是《佛說無量壽經》裡說的無量壽佛出了十二種光的名稱。這十二光名，也稱十二光佛，總之都是無量壽佛的名號，每一光佛都作了一個偈子。

十二光名禮拜完後，緊接著第十五拜是一大段落，內容以諸菩薩讚頌及「普爲師僧父母及善知識法界眾生，斷除三障，同得往生阿彌陀佛國，歸命懺悔。」同發願、同懺悔爲主，故《讚阿彌陀佛偈》到此作爲第一階段的禮拜觀想。之後的三十七拜，七言句偈，長短不一，每一句偈都不離《無量壽經》經文裡的內容，而每一偈頌，其最後一句幾乎出現如：「稽首、頂禮、頭面禮、稽首頂禮、禮講堂、稽首禮」等等至誠恭敬禮佛的字眼。

最後，又再回到以諸菩薩讚頌及「普爲師僧父母及善知識法界眾生，斷除三障，同得往生阿彌陀佛國，歸命懺悔。」同發願、同懺悔作結，如此《讚阿彌陀佛偈》稽首頂禮佛的過程才告結束。這樣計算下來總共是 60 拜，與《大

正新脩大藏經——讚阿彌陀佛偈》所統計的多出 9 拜，筆者不知《大正新脩大藏經——讚阿彌陀佛偈》裡的 51 拜是如何算法？若是依循全文出現的偈文、讚文來推算一共可拜 60 拜，而筆者認爲以偈文、讚文都出現的方式一同禮拜，較爲合理。

另外，值得一提的是，有兩段偈頌是相連著的，它被安排在第二大段落：「南無至心歸命禮西方阿彌陀佛；哀愍覆護我，令法種增長；此世及後生，願佛常攝受，願共諸眾生，往生安樂國。」之前，這兩段偈頌是在祈願，佛光無礙，願常攝受，並迴向眾生無障礙往生。然後再以「我歸阿彌陀淨土，即是歸命諸佛國；我以一心讚一佛，願遍十方無礙人。」故禮讚一佛，即遍禮十方一切諸佛，皆是至簡而至賅。

雖然，在曇鸞的著作中《往生論註》是代表作；然《讚阿彌陀佛偈》卻相當值得吾人去注意的一本讚偈，因爲這是曇鸞的發現，也是他發心設計要利益眾生行持的課誦讚偈。曇鸞在《往生論註》裡，開宗明義即說明「他力」的重要，曇鸞學佛時已是像法時代，他立刻敏銳地意識到自力工夫的有限度，應該一改而爲「易行道」的他力行持，如此修行才有保障。〔註 70〕尤其《讚阿彌陀佛偈》裡無量壽佛的十二光名，是曇鸞觀想佛光明之他力信仰，是曇鸞行因思想具體踐履的一本重要著作。

三、仙術醫學類著作

據釋道宣《續高僧傳》裡記載：「然鸞神宇高遠，機變無方。言晤不思，動與事會。調心練氣，對病識緣。名滿魏都，用爲方軌，因出調氣論。」〔註71〕可見曇鸞擅長導引調氣，兼擅醫術，出家時也撰寫過仙術醫學類著作，只可惜此類作品大都已散佚，對其確實撰寫的時間很難查出。曇鸞仙術醫學類著作大都收錄在隋唐傳籍中，他的著述，根據《續高僧傳》卷 6 及《隋書經籍志》卷 34、《新唐書・藝文志》卷 59 等所記載，共有十種。屬於仙術類如《續高僧傳》卷 6 記載的〈調氣論〉一卷、《新唐書・藝文志》卷 59 則名爲〈調氣方〉；《宋史・藝文志・神仙類》卷 205 著錄曰：「魏曇鸞法師〈服

〔註70〕此部分將留待第四章第三節第三單元：〈《讚阿彌陀佛偈》與彌陀他力本願〉中繼續說明。

〔註71〕釋道宣：《續高僧傳》，頁 185。

氣要訣〉一卷」〔註72〕。另有醫方類如《隋書經籍志》卷 34 列有〈療百病
雜丸方〉三卷、〈論氣治療方〉一卷。如今能從文獻中找到曇鸞這類的著作，
應該只留下《宋史藝文志》所列舉的〈服氣要訣〉一卷傳於世，然此卷文本
被收錄者，一在明《正統道藏》洞神部方法類，命帙，涵芬樓本第 570 冊，
桑榆子評《延陵先生集新舊服氣經》。另一在《正統道藏》太玄部，職帙，
涵芬樓本第 689 冊，北宋張君房編《雲笈七籤》第 59 卷〈諸家氣法〉。《延
陵先生集新舊服氣經》和《雲笈七籤》第 59 卷〈諸家氣法〉分別彙輯氣法
15 家，其中 7 家相同。〈曇鸞法師服氣法〉為相同 7 家之一，《雲笈七籤》錄
自《延陵先生集新舊服氣經》，均無序無跋。湯用彤先生判斷，〈曇鸞法師服
氣法〉或即《宋志》（湯先生誤為《隋志》）著錄之〈服氣要訣〉。緊接著他
闡述說：「可見鸞即受流支呵斥以後，仍具有濃厚之道教氣味，按北朝釋教
本不脫漢世『佛道』色彩。曇鸞大行其道，與口宣佛號之所以漸盛行，當亦
由於世風使之然也。」〔註73〕

　　今將〈服氣要訣〉全文記載如下，接著再節錄日人道端良秀在他所著《中
國淨土教史の研究》書中〈曇鸞の長壽——曇鸞の調氣論〉（此〈調氣論〉指
的是〈服氣要訣〉），道端良秀對此文的解說相當清楚，以下先看文本：

> 初寬大座，伸兩手置膝上，解衣帶，放縱支體。念法性平等，生死
> 不二。經半食頃，即閉目拳舌奉腭，徐徐長吐氣，一息二息，傍人
> 聞氣出入聲。初麤漸細，十餘息後，乃得自聞聲，凡覺有痛癢處，
> 便想從中而出，但覺有異，漸漸長吐氣，從細至粗，十息後，還如
> 初。或問曰：初調氣，何意從粗而漸細，將罷，何意從細而入粗？
> 鸞答曰：凡行動視眴，飲食言語，是粗也。
>
> 凡睡寤後，復如前繫念，如虎啣子，莫急莫緩，不問寒溫，室中先
> 淨。所住使心不亂，靜其勝耳。又曰：四大調，何以察之？當於脣
> 口察之。冷為風，增熱為火，增涉為地，增滑為水，增不冷、不熱、
> 不涉、不滑為調和。又聲為風，增動為喘，增癢為熱，增研涎為水；
> 增不匆聲、不動、不癢、不涎為調和。又心煩為熱，結意亂為風，
> 結憂悸為喘，結志蕩為水，結不煩、不亂、不悸、不蕩為調和。四
> 大不調有二：或外或內，寒熱飢虛，飽飫疲勞為外起；名利喜怒，

〔註72〕楊家駱：《宋史》，第 6 冊，（台北：鼎文書局，1987 年），頁 5192。
〔註73〕湯用彤：《漢魏兩晉南北朝佛教史》，頁 807。

聲色滋味念慮爲内起。凡氣節量，一任自然，綿綿若存，用之不勤而已。但能不以生爲生，乃賢於養生也。〔註74〕

這其中兩段文後，會出現桑榆子就道教服氣法之說，來探討曇鸞的〈服氣要訣〉以下即是這兩段文：

桑榆子曰：凡修氣學者，未服及服，罷於飲食言語，蓋常事也。鸞公欲使兩相接會不令其首尾徒異也。

桑榆子曰：諸經皆言吐納，不欲自聞其聲，而鸞皆言吐，粗而漸細，後細而漸粗，始甚疑之，及觀下文云：「一任自然」，則知關粗細之漸行是，爲是下乘者，設不欲使之與自然爭力也。然必以微細，自不聞聲爲上，從細微而至無，即胎息之理盡矣。恐學者功至之後，猶拘牽文字，著於粗細先後之間，返與自然爲敵，良可哀也。如是人焉得不爲明弁矣。〔註75〕

兩段桑榆子之註與〈服氣要訣〉，於道端良秀在他所著《中國淨土教史の研究》書中，道端良秀有詳細說明，現在就將日文以翻譯成中文，道端良秀解說〈服氣要訣〉的全文内容呈現如下：

曇鸞是位佛學者，以作爲一位學習淨土的曇鸞，他的服氣法對調氣論，是怎樣的一種論述呢？關於這個部分，已刊登在全文中，此文簡短，而且服氣法並沒有特別的調氣變化。剛開始緩緩地坐下，兩手伸展至膝蓋上方垂直，穿著寬鬆衣物，並將身體放鬆，此時心性綿綿，保任在法性平等、生死不二的覺照，這便是佛法所呈現的實相。而這法性平等、生死不二的境界，便是佛教的根本思想。相較於道家在服氣法上所言的無念無慮，曇鸞他提出了，法性平等不二的公案來說明，由此可見，此服氣法較屬於佛家教徒訓練調息的情形。

因此每於餐後結束，經過半個小時左右的時間，便可閉目，將舌頭抵住上齒齦，慢慢地將呼吸拉長並吐氣。第一息接著第二息的運氣方式，其呼氣、吸氣的聲音，要以像旁邊有人呼氣、吸氣那樣大小程度被聽見，剛開始運氣已大力呼吸運氣，漸漸地趨近細微呼吸，

〔註74〕 延陵先生編，桑榆子評：《延陵先生集新舊服氣經》，（台北：《正統道藏》電子文字資料庫洞神部方法類，《雲夏七籤》，收入該書卷58、59及60。）
〔註75〕 同上，卷58、59及60。

經過十幾次由粗漸細的運息後，直到僅聽見自己吸氣聲音的程度。一般而言，若有因運息時產生痛癢的情形，可趁此作想為瞭解調氣的線索出現，覺照異樣發生的情形時，則依序再將呼氣吐氣拉長，再從原先細微呼氣、吸氣的狀態，還原大力呼氣和吸氣，持續十幾餘息，再回歸由粗漸細的運息。

此處曾有學員疑惑提出疑問，一般調息都是從粗相到細相狀態，便應該停止下來，為何又必須再由細相回復到粗相的狀態呢？這裡是這樣回答的，一般我們所謂的粗相，不管是行為動作、四顧觀看視野的見覺、飲食的行為乃至於言語的造作，都是粗相作用的情形。也可以說凡是睡醒之後，再次重複上述行為的狀態。這念頭一啟動，就類似老虎用嘴叼著小虎一樣，不急也不緩。而調氣運息，也如上述一樣，在不分別寒熱的環境下，首先將一室清潔完成，將心安住在不混亂的狀態下，運息調氣。

接著談談生病的原因，肉身是由地、水、火、風假合的狀態，一旦四大不調和就產生生病的情形。由內因和外因兩方面，來瞭解這四大不調和的主因，外因是由寒、暑、飢、虛，甚至是飲食無度或飲食不足、疲勞過度所造成的病因。而內因的部分，則為名聞利樂產生的喜獲怒失，內心跟隨五官在聲色環境中引起的煩惱而造成的。

此種四大不調可以說是病因的根本。要調和這四大不協調的現象，可以以服氣法運息調整。在此被認為是，作為佛教學者曇鸞大師，自己獨自提出的立場。一般而言病因是依氣而引起，也會因調氣來治癒病因。而將「延壽」一詞歸於服氣法的說法，在曇鸞大師的服氣法論述中，佛教中的四大不調也融入其中。現今關於四大不調的說法，在佛教和道教都採用相同的解釋。而在運息時，並沒有規定一定的氣吸和氣出量，順其自然地，一次又一次的專注一心。此時「生」而無生，以「無生」為生。這是曇鸞大師對於佛教的「體解」。而曇鸞大師在往生淨土的思想中，也論及以無生而生，在本願佛力（他力加被）之下，以融入自我（無我）的自然姿態，妥善契入這無為（無生）的意境。本著這種服氣論的方法，達到所謂其它諸家的論述與服氣論的理論一脈相通。其方法內容卻別於其它諸家，而成為最佳的一種方式。

此外桑榆子對於運息粗相、細相的問題也提出評論，曇鸞大師的服
氣法，曾有完全任由自然（無生而生）的一篇文章中提到，他的特
質便是追求這種自然無為的思想，兩者見解應是相同的。無論粗相
也好、細相也好，應該都是建立在自然無為（「無念」為念）的境界，
獲得不二解決的方法。〔註76〕

　　因此，我們從文本字句與道端良秀的解說中，已可以看出曇鸞的〈服氣
要訣〉，其行法精神也是建立在佛法的基礎上，文本中如：

念法性平等，生死不二。

或問曰：初調氣，何意從粗而漸細，將罷；何意從細而入粗？鸞答
曰：凡行動視眴，飲食言語，是粗也。（氣息之粗細實與念頭相關）

所住使心不亂，靜其膝耳。又曰四大調何以察之，當於脣口察之。
冷為風，增熱為火，增涉為地，增滑為水，增不冷不熱不涉不滑為
調和。（四大調）

四大不調有二：或外或內，寒熱飢虛，飽飫疲勞為外起；名利喜怒，
聲色滋味念慮為內起。（四大不調）

凡氣節量，一任自然，綿綿若存，用之不勤而已。不以生為生，乃
賢於養生也。（生而無生，無生而生。）

　　以上諸文，雖融貫了老子、道教、醫理，然其字句間皆透露著與佛法有
關的教理，由此看來，就曇鸞在養生醫學方面的創作不會很少，學佛之餘接
觸一些與身心靈有關的養生之方，再將它與佛法結合，創發出一種與佛法相
融通的養生調氣法，所以他除了專弘淨土法門外：「在醫學上是很有造詣的。
從這些醫學著作來看，可以說他繼承了陶弘景求長壽健康的道家醫學思想。
從初唐道宣所作的『魏西河石壁谷玄中寺釋曇鸞傳』中，更可以證實曇鸞不
僅研究醫學，著書立說，他在弘傳淨土念佛之時，常常兼給人民治病，教人
鍛煉身體，以求健康長壽。」〔註77〕難怪道宣法師說他：「調心練氣，對病識
緣，名滿魏都。」〔註78〕

〔註76〕道端良秀著，彭俊雄譯：《中國淨土教史の研究》，（京都：法藏館，1980年），
　　　　頁87～88。
〔註77〕溫宗堃：〈世親《淨土論》的淨土思想及其禪修實踐之研究〉，頁3：曇鸞不僅
　　　　是一位佛學者，一位淨土大師；他還是一位氣功師、中醫師，從他一生的著
　　　　述和經歷中可以得見。
〔註78〕釋道宣：《續高僧傳》，頁182。

　　由曇鸞一生的著作中，我們可以窺探出他學佛的學思歷程，眞是一波三折。先是對空宗情有獨鍾，發願傾全力註《大集經》；可是好景不常，經未註完，就染患重疾，無常逼迫著他接受事實，不得已只好中途放棄註經的因緣，以至於使我們今日無法見到曇鸞註《大集經》時的內容和成果。曇鸞爲了讓病趕快好：「顧而言曰：命惟危脆，不定其常。本草諸經，具明正治。長年神仙，往往間出。心願所指，修習斯法。果克旣已，方崇佛教，不亦善乎！」〔註79〕這是不得已的選擇，只等病好了：「果克旣已，方崇佛教，不亦善乎！」曇鸞會繼續在佛法上用功的。

　　可知曇鸞想學佛的心是很切的，因爲目前眞的找不到治癒的方法，而他也不排斥仙術延壽的方式，所以暫時和佛菩薩告假；也許法師的精進心與諸佛菩薩、龍天護法感應道交吧？竟讓他在京城，不期而遇地見到菩提流支，反而開創出旣能無量壽又可往生畢竟成佛的淨土法門，這對曇鸞而言眞是一舉數得。

　　以往修學淨土宗，大家對曇鸞的認識或僅在《往生論註》上，「淨土五經一論」中的論，指的就是《往生論》（含註）；其實曇鸞的其他著作也非常值得探討，這些著作就是他學佛行因學思歷程的總結果──學儒、學道、學佛的大熔爐：《往生論註》是明教理；《略論安樂淨土義》是教人除惑，對佛（覺）、淨土深信不疑；而《讚阿彌陀佛偈》是事修，著重在行門工夫。如此，以信入，爾後理圓融、事圓融，理事圓融，則事事無礙。又值得一提的是，有關曇鸞仙術、醫方這類的書皆屬於諸宗行法，是可以在佛法上方便運用的。所以曇鸞從佛教精神中融通儒道思想，也從儒道精神中體驗佛法的博大精深。

─────────────────

〔註79〕釋道宣：《續高僧傳》，頁182。

第三章　曇鸞由仙轉佛之思想探析

第一節　曇鸞探尋神仙方術的背景

一、神仙方術的時代背景

　　神仙的「仙」字在《說文解字》裡云爲：「仙，長生遷去也。」﹝註1﹞；《釋名‧釋長幼》曰：「老而不死曰仙」﹝註2﹞故由字意所解得知，求長生、求不死，一直是中國民族對自然所賦予的生命，鍥而不捨的表徵，因此而有神仙道和神仙方術的產生，甚而還存著迷信的色彩。

　　古代對神仙的追求早已嚮往，而且還濛著一層自然中種種神秘的傳說，如：「《山海經‧大荒南經》中有『不死之國』」﹝註3﹞；「《海內西經》有『不死之藥』」﹝註4﹞《楚辭》的〈離騷〉、〈九歌〉、〈天問〉等篇，皆顯示著超人間生活的神仙意識﹝註5﹞。《老子》「谷神不死」﹝註6﹞、「蓋聞善攝生者，路行不遇兕虎，入軍不被甲兵。」﹝註7﹞《莊子》「邈姑射之山，有神人居焉，肌

﹝註1﹞　段玉裁：《說文解字注》，編號5008。
﹝註2﹞　劉熙：《釋名‧釋長幼》，（高雄：育民出版社，1970年9月），頁45。
﹝註3﹞　劉向、劉歆父子校刊，晉郭璞註，袁珂校註：《山海經卷10第15》，（上海：上海古籍出版社，1980年），頁72。
﹝註4﹞　同上，頁214。
﹝註5﹞　洪興祖：《楚辭補註》，（台北：藝文印書館，1981年3月），頁5、98、145。
﹝註6﹞　余培林：《新譯老子讀本》，（台北：三民書局印行），1987年2月，頁26。
﹝註7﹞　同上，頁85。

膚若冰雪，綽約若處子；不食五穀，吸風飲露，乘雲氣，御飛龍，而遊乎四海之外。」〔註8〕

　　春秋戰國時代的神話傳說已有了信仰的基礎，戰國齊威王、宣王的時代，神仙信仰漸趨穩定。漢武帝時信仰更加廣泛，然後從東漢順帝到東漢末年早期的道教形成了，即太平道和五斗米道。

　　到了魏晉，知識分子紛紛脫離仕途，有些隱居山林，埋首精研仙術，人世之間的戰亂、天災以及所導致社會秩序的破壞和改變，常使得人們向脫離現實的神仙世界或宗教求助。《晉書·阮籍傳》:「魏晉之際，天下多故，名士少有全者。」〔註9〕，於是他們有些人堅信神仙實有、仙人可學、長生能致、方術有效，因而以長生修仙為教旨。魏晉社會的道教發展是繼漢末道教發展，然後過渡到南北朝道教成熟期之不可或缺的階段。而南北朝道教的成熟期，有名的道士如北魏寇謙之、南朝陸修靜、陶弘景（對道教做了一些改革，多少參考了佛教的戒律、儀範和組織），可以說已有一定的規模。

　　雖說神仙道教已由早期農民的信仰，轉變為士族的信仰，甚至也有皇帝的信仰:

　　　　上層神仙道教占了主導地位，社會上普遍建立起神仙的信仰，道士
　　　　已成為一種謀生的職業，並受到世人尊重。……神仙道教認為，人
　　　　只要學習練形之術，便可以積久成仙。〔註10〕

　　但神仙道教的時代背景，卻因整個魏晉南北朝，國家皆處於分裂和動盪不安的時候，沒有統一全國的可能；所以道教組織亦無統一領導，因此組織渙散:「總而言之，古初的道家是講道理，後來的道教是講迷信。而道士們每採他家之說，以為己有，故在教義上，常覺得它是駁雜不純。」〔註11〕曇鸞生逢此世，其對神仙道教也是存著將信將疑的矛盾心理。

二、受道術方士思想之影響

　　雖然「漢代以來，中國知識分子都要自幼接受儒家的思想教育」〔註12〕，即使到了北魏的曇鸞也不例外，自幼也是接受儒家的思想教育。不同的只是，

〔註 8〕　錢穆:《莊子纂箋》，（台北：東大圖書公司，2004 年 5 月），頁 5。
〔註 9〕　房玄齡等:《晉書》，（台北：台灣商務出版，2010 年 6 月），頁 58。
〔註10〕　胡孚琛:《魏晉神仙道教——抱朴子內篇研究》，頁 45。
〔註11〕　許地山:《道教史》，（台北：牧童出版社，1977 年 8 月），頁 9。
〔註12〕　胡孚琛:《魏晉神仙道教——抱朴子內篇研究》，頁 63。

魏晉南北朝時期的思想，已不是只有獨尊儒學一家了，這時期思想的動盪，促使玄學家都竭力調和名教和自然的關係，可以說這時期是中國文化史上儒釋道三教鼎立之局逐步形成的時刻。

　　這一世代的人們，遭遇戰火、顛沛流離的不安生活，更有著感嘆人世間生命短促的不可恃，亦或對傳統以儒家經書為代表的思想感到失望，於是萌生起求取長生不死的希望。因此，神仙方術興起並紛紛設立教壇。《續高僧傳》說曇鸞：「家近五臺山，神跡靈怪，逸於民聽。」〔註13〕除了儒家之外，曇鸞從小接觸的應該也有道教仙術，而這一類的傳說，當時有可能已成了街頭巷尾很平常的事。

　　早期道教的觀念認為，災禍、疾病、死亡，都是天道要對人所犯的罪過加以懲罰的結果，所以長生、治病、消災和卻禍，都要通過悔過、行善和「奉道戒」來實現。

　　人能通過悔過、行善和教戒的持守，才有條件符合可以求仙的基本資格，進一步求神仙的步驟，是先找到神仙所住的地方：

> 仙人之所以有其吸引人的神祕之處，一部分原因是他們的活動地區通常都在一般人不常出入的山中，行蹤飄忽，但更重要的應該是他們所具有的各種神奇的法術和異能，……如騰雲駕霧、變化隱形、坐在立亡、日行百里、尸解昇天、役使鬼神等，這一類的異能在神仙傳說中的作用，主要就在勾繪出一種和凡人有極大差別的形象。……奇才異能，如起死回生、治病、濟貧、知吉凶、傳丹書道術等，就是有了這些能力，神仙可以成為一般人慕求的對象——人不但可以希望他的現實苦難能因為神仙的幫助而得化解，更可以希望自己也成為神仙的一員。〔註14〕

　　曇鸞生長在這樣一個時代，這樣一個環境裡，不可能不被影響，當一個人生命危在旦夕時，而眼前所學不能幫他解決這個困境，其內心的焦急、苦悶、無奈，是可想而知的，即使他已出家，對學佛的信心堅定，走究竟之道也堅固不移；但無常的病苦一來，他被折磨到欲遍尋治癒的解決之方，卻仍不得要領時，他只好向當時的長生仙術請教，會下這個決定也是不得已而慎

〔註13〕釋道宣：《續高僧傳》，頁182。

〔註14〕蒲慕州：〈神仙與高僧——魏晉南北朝宗教心態試探〉，（台北：漢學研究第八卷第二期，1990年12月），頁161。

重考量的:「得是法已,方崇佛教,不亦可乎?」〔註15〕有關曇鸞曾經著作仙術醫學這類的文章,是否就在他病時而創作的呢?或者是他病後對佛理有所體悟,故將醫學、仙術等養生調氣之法,也都撰寫於此類作品之中呢?不論如何,可以確定的是,曇鸞曾經接觸過道術方士等有關的思想。

三、尋訪仙術以治疾

《續高僧傳》裡有一段提到:「鸞曰:欲學佛法,限年命促減,故來遠造陶隱居,求諸仙術。」因為病重幾乎已威脅到生命,且曇鸞又是個出家人,它可能因醫藥無效的情況下,才想要試試道教的仙術吧?這個決定可能需要相當大的勇氣,去之前的心理要預先準備好,因為仙術傳教也相當神秘:

> 在傳教方式,神仙道教在魏晉時採取師徒秘授制,傳經前要對弟子嚴加考驗,弟子接受道經要履行宗教儀式,並交納財禮做信物。……魏晉時道經的授受要立壇盟誓,關鍵性的神仙方術秘訣並不寫在道書上,而是採用師徒口授的方式。……所謂「累勤歷試」,是說神仙道教中,道經和仙術的授受,要對弟子預先進行考驗,只有經得住考驗的人,才能傳給道經和仙術。〔註16〕由於求道的過程通常要經過一段長時間的鍛鍊,因此求道者個人,必須具有超乎常人的毅力,這是合理而容易想像的。……因而求道者接受各種試驗,以測其誠信之心,是仙傳中的一項主題。〔註17〕

然而,從《續高僧傳》所描述的內容來看,曇鸞是不可能改信神仙道教的,除非有特殊因緣!的確,這件事必是讓他再三思索、考量的,也正因為他的心思細敏,很有智慧地決定了尋訪的對象——那就是兼修儒、釋、道,又曾經夢見佛為他授記,說他能證悟菩提成正果,修成勝力菩薩;因此之故,他便到鄮縣的阿育王塔去立誓,並受五大戒,而正式成為佛門的在家居士——如此充滿傳奇色彩的人物是誰呢?他就是道教中上清派的領袖人物陶弘景。

連梁武帝都很難請得到的「山中宰相」:「帝曰:此傲世遁隱者,比屢征

〔註15〕 釋道宣:《續高僧傳》,頁182。
〔註16〕 胡孚琛:《魏晉神仙道教——抱朴子內篇研究》,頁69。
〔註17〕 蒲慕州:〈神仙與高僧——魏晉南北朝宗教心態試探〉,頁159。

不就，任往造之。」〔註18〕《續高僧傳》卻這樣提到，曇鸞：「承江南陶隱居者，方術所歸。廣博弘贍，海內宗重，遂往從之。……及屆山所，接對欣然，便以仙經十卷，用酬遠意。」〔註19〕這次的參訪相談甚歡相當圓滿，因為兩位都是當時對儒釋道下過一番工夫的踐履者，只是兩位都很清楚自己行因的道路：一位在佛，一位在道。

第二節　由仙轉佛之過程與啓發

一、隱士陶弘景思想之交涉

　　曇鸞在準備參訪陶弘景與之交涉前，應該已經耳聞陶弘景的為人以及他與一般人不同的特殊地方：

　　陶弘景童年時就有與眾不同的品行和志向。六歲時即能理解所讀的書，還能撰寫文章。七歲時讀了《孝經》、《毛詩》、《論語》等幾萬字的書籍。後來，十歲，同鄉人贈與他晉代人葛洪寫的《神仙傳》。他便感嘆地說：讀此書，使人生壯志凌雲之胸懷，有修仙學道之志。長大後，身高有七尺四寸，神情精明、儀容秀美，睛明而耳長、眉宇開闊，形體精緻。陶弘景為人，謙虛謹慎，他通達事理而不拘泥，無論在官在隱都自然地符合禮儀。讀了一萬多卷書，善於彈琴和下棋，精於草書和隸書的書法。

　　二十多歲時，始服食仙藥，爾後在興世觀的觀主孫先生門下習道經，研究道學的奧秘，已達洞察人間一切大小事物的程度。宋順帝升明三年（公元479）三月，齊高帝作相國（時二十多），他被薦舉為「諸王侍讀」，後又授予他「奉朝請」官職（可定期參與朝會）。他雖身居權貴之門，卻始終藏形匿跡，不與外人打交道，每日只展卷閱讀。朝廷中有關禮儀和典章制度方面的事，大多由他決定。

　　梁武帝蕭衍原來就和他很有交情，登上皇位後，對他更是恩遇有加，不斷地有書信往來，國家每當遇到吉凶、征討等大事，都要派人去他那裡諮詢，因此當時的人們把他叫做「山中宰相」。

　　陶弘景生性喜好著書立說，崇尚奇異超常的事物，愛惜自然的風光，

〔註18〕釋道宣：《續高僧傳》，頁 183。
〔註19〕同上，頁 183。

年齡越大，其愛越深。他作的〈紹問山中何所有賦詩以答〉詩裡，即可表達這樣的心意：「山中何所有？嶺上多白雲。只可自怡悦，不堪持寄君。」〔註20〕

　　陶弘景自得到楊主、許邁的真經後，入茅山修道，更與人世隔絕，他自稱「華陽穩居」，從此更深居簡出，專門修煉心性。陶弘景對道術的精通全靠心領神會，不是靠常人的學識所能達到的。他擅長道家的辟穀不食和導引輕身的修煉法，於地理、曆法、算學等門類的學問也不只停留於論述上，而能聯繫實際應用。他撰寫有關道學研究和修道秘訣的著作共有二百多卷。到了永元（南朝齊東昏侯年號）三年時，更加潛心修煉於陰陽五行，風角（以五音佔四方之風而定吉凶）星算（占星術），山川地理，四方產物，中醫的中藥學。

　　他也曾仿照佛經的格式編纂道經，全面承襲佛教的科儀、咒術、梵唄等宗教形式，系統地改造了道教，如仿《佛說四十二章經》造出旨在規範道教戒律的《真誥》。陶弘景往生時八十一歲，臉上顏色如活著時，四肢柔軟無僵硬且能屈伸，室內有香氣，多日不散。（《太平廣記》〔註21〕）

　　這就是陶弘景的一生。當曇鸞踏上參訪的腳步時，他先晉見梁武帝《續高僧傳》：「明旦引入太極殿，帝降階禮接，問所由來？鸞曰：欲學佛法，限年命促減，故來遠造陶隱居，求諸仙術。帝曰：此傲世遁隱者，比屢征不就，任往造之。」梁武帝告訴他，陶隱居不是那麼容易見到的，武帝都想找他出仕，但卻屢征不就。

　　於是，「鸞尋，致書通問。」陶弘景立刻請法師到訪，而且是慎重其事的以最恭敬之禮，來迎接這位法師的到來：「陶乃答曰：『去月耳聞音聲，茲辰眼受文字；將由頂禮歲積，故使應真來儀。正爾，整拂藤蒲，具陳花水，端襟斂思，佇聆警錫也。』及屆山所，接對欣然，便以仙經十卷，用酬遠意。」〔註22〕曇鸞與陶弘景的對話其思想之交涉，在《續高僧傳》裡並沒有詳細記載，但我們可以從近代所記載的道術，或現代人的經驗中找出一些蛛絲馬跡。熊琬教授曾在湖南佛教文化研討會上發表過一篇〈從身

〔註20〕陶景弘：〈紹問山中何所有賦詩以答〉，（《古今輯句》，2003年9月），
　　　　http://www.ntpu.edu.tw/pa/teacher/gossens/quo_200309.htm。
〔註21〕李昉等：《太平廣記》，（台北：文史哲出版社，1978年11月），頁104。
〔註22〕釋道宣：《續高僧傳》，頁183～184。

體的奧秘探討生命哲學——以禪、丹道與密爲主〉〔註23〕的論文裡，就提
到道教丹道修煉的情形，其情形便可作爲道教仙術修煉的代表：

> 中醫講氣、血，「血」與「氣」之間有密切的關係。所謂：「氣爲血
> 之帥，血爲氣之母。」氣能生血、行血、攝血。氣、血相依，「氣血
> 瘀阻，病由之生；氣血通，則病自癒」

> 氣，它應是一種能量、磁場、熱能，是介乎精神（意念）與物質（血）
> 之間的媒介。中國人講氣，氣與吾人之關係，從身體、生命，以至
> 修道，……所謂人活著一口氣，殆有深意存焉。蓋仗著這口氣（呼
> 吸），關乎生理、心理、精神，即可以掌握身體、生命，以至生死。
> 生命的哲學從此入手，可以揭開宇宙之無限奧秘與寶藏。

> 所不同者，丹道，注重「性命雙修」。性，指（心）神；命，指（元）
> 氣。禪，相對而言，較著重在修心的「性功」，所謂「以心傳心」，
> 是也。丹道，較偏重「命功」，如煉精化氣、煉氣化神之類。而禪在
> 「明心見性」、「見自本來面目」。丹道在長生不老，以至成仙。但在
> 修禪定或靜坐時，調息、調心是不可少的，而往往心調則息調，息
> 調則心調，二者之關係密切。調息時，風、喘、氣、息四種現象，
> 而以「心息相依」爲息調之相。其中，有關身、心、靈三種層次，
> 亦可說生命哲學的精髓所在。修道過程，蓋不外於此。

　　由此可知，透過對「氣」的了解，即是對生命、壽命、生死的掌握，也
就是能不能對自己的生命作主的問題。此外，在這段話裡，佛道兩家對「氣」
的修煉方向和方法，各有心得，如丹道，注重「性命雙修」；而禪「相對而言，
較著重在修心的『性功』，所謂『以心傳心』，是也。」因此，修行的過程與
體會也就各有不同：「丹道，較偏重『命功』，如煉精化氣、煉氣化神之類。
而禪在『明心見性』、『見自本來面目』」，兩家的看法雖各自有異，但在調息、
調心，「心息相依」的看法上卻是一致的。

　　曇鸞參訪陶隱居歸來的途中，雖然起了很戲劇性的變化——巧遇菩提流
支，曇鸞心中積存許久的生死問題，終於獲得真相大白，這是因爲他已知道
究竟長生之法的行持要領。因此他將不易獲得的仙經焚化！緣起性空，知一
法，無需多法。

〔註23〕熊琬：〈從身體的奧秘探討生命哲學——以禪、丹道與密爲主〉，（湖南：《佛教生
　　　　死哲學與生命科學研討會》，湖南佛教文化研討會，2009年4月），頁1～2。

仙經雖被焚去，但他參訪學習的心是認真的，且真實融會。曇鸞對自己決定的每件事，總是專心致志，《續高僧傳》裡記載：「然鸞神宇高遠，機變無方。言晤不思，動與事會。調心練氣，對病識緣。」〔註24〕可見曇鸞對仙術的導引調氣非常擅長，且又兼擅醫術。所以出家後也撰寫過仙術醫學類著作，故曇鸞對仙術的吐納、氣功、靜坐等的鍛煉，早已開創性地轉化成佛法修行的利器，故才有可能將修學所得付諸筆墨，所以即使仙經已被曇鸞燒去，然他對這類著作（這類著作在第二章第三節第三仙術醫學類著作中已有討論），可謂到了：「名滿魏都，用爲方軌，因出〈調氣論〉。」的盛況。

二、對神仙方術的體會

原本從陶弘景那兒拿到十卷仙經的曇鸞，他的心中仍有種尚未踏實的感覺，這種感覺無法用言語表達，這是想了脫生死輪迴的答案，畢竟仙術只能得到對病苦暫時的解困，壽命似可延長，但生命的究竟從何而解？還好這個答案讓他在回程途中，因巧遇菩提流支，才頓時豁然開朗。他一見到菩提流支馬上進入主題，立刻問到：「佛法中頗有長生不死法，勝此土仙經者乎？」曇鸞爲什麼對仙術還是存疑？表面上看來，仙術似乎在使高遠的心靈能獲得自在，精神能得到解脫；然而，其所修煉的重點，仍只在欲使「肉體」此一有形生命的不朽，故不究竟：

> 從大多數仙傳的情況來看，不論是機運、骨相等個人條件，或外在的服食、導引等等，都反映出一種樂觀的、非道德的、唯物的心態。而這兩種心態並存而不並重的情況，也反映出此一時代道教神仙思想的根本問題，即道德上超越的要求，在肉體不朽的強烈渴望的牽涉下，不能有深刻的進展。〔註25〕

其實仙術產生的時代背景，正是朝政綱紀敗壞，儒家經學式微，國家分裂，戰事頻仍，民生寥苦，無有寄託依怙；於是，遠古以來的鬼神信仰，經由道教的成立，而穿鑿附會地帶出了神仙方術。梁劉勰《文心雕龍·滅惑論》引《弘明集》卷八中論說：

> 案道家立法，厥品有三：上標老子，次述神仙，下襲張陵。……老

〔註24〕釋道宣：《續高僧傳》，頁184～185。
〔註25〕蒲慕州：〈神仙與高僧——魏晉南北朝宗教心態試探〉，頁161。

子：太上爲宗，尋柱史嘉遯，實爲大賢；著書論道，貴在無爲，理歸靜一，化本虛柔。……斯迺導俗之良書，非出世之妙經也。神仙：若乃神仙小道，名爲五通，福極生天，體盡飛騰，神通而未免有漏，壽遠而不能無終。功非餌藥，德沿業修，於是愚狡方士，僞託遂滋。張陵：張陵米賊，述死昇天；葛玄野豎，著傳仙公；愚斯惑矣，智可往歟？

歐陽修在〈刪證黃庭堅序〉裡也說：

古時有道而無仙，後人不知無仙而妄學仙，以求長生。不知生死是自然之道，聖人以自然之道養自然之生以盡天年。後世貪生之途，或茹草木，服金石及日月之精光，或可全形而卻疾。上智任之自然，其次養內以卻疾，最下妄意以貪生。〔註26〕

的確，任何一種宗教的崛起，皆有其生成的時代背景和產生的因素在其中，而且也會在施教的過程裡，經歷到褒與貶的命運。仙術的產生已然爲中國增添了民族性格的另一種特質，尤其對於呼吸吐納、調氣導引方面的成就，道教神仙方術貢獻良多，其對後世的中國醫學、中國武術、中國養生學等都有影響。熊琬教授曾提到：

道家內丹學修煉，不出精、氣、神三寶。有所謂修命功與修性功。性，指神；命，指炁（氣）。命功，以生理（包括精、氣）爲主，故注重元精（先天的精）與元氣（先天的氣）。……必借虛靜、涵養、溫煦、烹煉乃能發動眞機。

至於道教修煉，先通本身體內之氣——「小宇宙」，進而與外在的大自然——大宇宙，結合爲一體，即是所謂「天人合一」之境界。其所謂「小周天」：即是借運轉河車，以打通任督二脈（前任、後督），使上半身能暢通無阻。所謂「大周天」：則是使全身之氣暢通無阻。「竊天地之機」、「奪造化」者由天人合一，而能奪取宇宙間源源不斷無限的能源。

因此道教的修煉，是借後天的修煉，以開發先天的本能。達到與大自然的母體結合爲一。故借吾人的身體爲鼎爐，……今借以喻吾人的身體作爲修道的器具，……換言之，即在借著這鼎爐（身體）煮

〔註26〕　許地山：《道教史》，頁2。

藥〔註27〕，以開發內在的潛能（包括生命力、潛力、心力、心靈等），
即在自身，不假外求。〔註28〕

但：「無論哪家下手入門修持，不能忽略從呼吸入手，其中調身、調氣與調心
的關連……以揭發宇宙的奧秘。」〔註29〕這裡指的「無論哪家」，即是佛道之
禪、丹道與密，也可以說中國醫學、武術、養生之法也在其中。關於佛教的
數息觀，最早記載的資料是在《佛說大安般守意經》〔註30〕中，熊琬教授已
體會其中要領，將之整理而言曰：

> 安般，全稱 anapana 安那般那，即指出入息念。梵語 ana（安那）即
> 入息（吸氣），apana（般那）即出息（呼氣）。本經是借數息觀（默
> 數出入息，令心隨息而定）修禪，以之收斂身心。如要以現代的語
> 言來表達修禪的精神與意義，則為禪，梵語 dhyana 者，靜慮，乃借
> 呼吸及內心的觀照等方法，以開發內在之無限智慧、潛能與功德，
> 可以控制情緒，昇華欲望，得到內心的寧靜與安詳，它又可以幫助
> 超越自我的拘限，心靈的自在與解脫。……而禪宗之最終目的在「明
> 心見性」。〔註31〕

曇鸞對數息也有極深的體會，這可以從目前所留下的有關氣論的作品〈服
氣要訣〉中看出：

> 初寬大座，伸兩手置膝上，解衣帶，放縱支體。念法性平等，生死
> 不二。經半食頃，即閉目拳舌奉腭，徐徐長吐氣，一息二息，傍人
> 聞氣出入聲。初麤漸細，十餘息後，乃得自聞聲，凡覺有痛癢處，
> 便想從中而出，但覺有異，漸漸長吐氣，從細至粗，十息後，還如
> 初。〔註32〕

〔註27〕 莊子所謂真正成道的人，或天人（天人合一的人）、真人（真正悟道的人）、
　　　　神人（超越凡人，神而不可測的人）、聖人（人格達於最高的人，最為圓熟的
　　　　人）、至人（至於絕頂的人，亦即人上人）等不一而足。故其藥並非專對吃五
　　　　穀雜糧而生的病而言。

〔註28〕 熊琬：〈從身體的奧秘探討生命哲學——以禪、丹道與密為主〉，頁 1。

〔註29〕 同上，頁 1。

〔註30〕 安世高譯：《佛說大安般守意經》，（台北：中華電子佛典協會（CBETA）依大
　　　　正新脩大藏經第 15 冊，2003 年 6 月）。

〔註31〕 熊琬：〈從身體的奧秘探討生命哲學——以禪、丹道與密為主〉，頁 1。

〔註32〕 延陵先生編，桑榆子評：《延陵先生集新舊服氣經》，卷 58、59 及 60。

由文中所見，曇鸞對數息的要求深細而嚴謹，蓋：「人命在呼吸間」〔註33〕曇鸞對調氣的體會，已非僅在仙術的調身上用功，而是先柔和仙術與醫理〔註34〕後，再加以創新；〈服氣要訣〉便是他新創的調氣法訣，其間已將佛法道理運用其中：「念法性平等，生死不二。」整篇文的精神主軸即在此，一旦偏離中心思想，即已非佛法的如實修行了。

三、轉仙道歸於淨土

綜觀上述，探討曇鸞因病求長生不死仙術，最後卻反而開出另一條更得無量壽的淨土大仙方，曇鸞終於明白真相後，善巧地將仙道轉歸於淨土法門，而此創舉於當時可謂大行其道，比起慧遠廬山結社更為廣被隆盛。曇鸞轉仙道歸淨土，而使淨土法門在當時很快地被廣泛接受，筆者認為可歸納以下幾點作為參考：

（一）轉仙術長生法為淨土的長生法

《續高僧傳》：

> 鸞往啟曰：佛法中頗有長生不死法，勝此土仙經者乎？流支唾地曰：是何言歟？非相比也。此方何處有長生法，縱得長年少時不死，終更輪迴三有耳！即以觀經授之曰：此大仙方，依之修行，當得解脫生死。鸞尋頂受，所齎仙方，並火焚之。自行化他，流靡弘廣。

〔註35〕

這裡說明了，仙術的長生不死：「此方何處有長生法，縱得長年少時不死，終更輪迴三有耳！」，是為不究竟法，不能解脫生死。然而淨土的長生法：「依之修行，當得解脫生死。」是為究竟法，究竟圓滿。

〔註33〕語出《四十二章經》：佛問沙門：「人命在幾間？」對曰：「數日間。」佛言：「子未知道。」復問一沙門：「人命在幾間？」對曰：「飯食間。」佛言：「子未知道。」復問一沙門：「人命在幾間？」對曰：「呼吸間。」佛言：「善哉！子知道矣。」

〔註34〕熊琬：〈從身體的奧秘探討生命哲學——以禪、丹道與密為主〉，頁2：中醫講氣、血，「血」與「氣」之間有密切的關係。所謂：「氣為血之帥，血為氣之母。」氣能生血、行血、攝血。氣、血相依，「氣血瘀阻，病由之生；氣血通則病自癒」。

〔註35〕釋道宣：《續高僧傳》，頁184。

（二）轉仙道調氣爲佛家調氣

道端良秀在解釋曇鸞的〈服氣要訣〉裡說到：

> 此時心性綿綿保任在法性平等、生死不二的覺照，這便是佛法所呈現
> 的實相。而這法性平等、生死不二的境界便是佛教的根本思想。相較
> 於道家在服氣法上所言的無念無慮，曇鸞他提出了法性平等不二的公
> 案來說明，由此可見此服氣法較屬於佛家教徒訓練調息的情形。

> 本著這種服氣論的方法，達到所謂其它諸家的論述與服氣論的理論一
> 脈相通。其方法內容卻別於其它諸家而成爲最佳的一種方式。〔註36〕

曇鸞服氣論的方法，將道家「在服氣法上所言的無念無慮」一轉而爲「法
性平等，生死不二。」佛教的根本境界，是其高妙之處。

（三）轉仙道禁咒音辭爲佛家他力念佛

《續高僧傳》中記載曇鸞從小因爲家近五台，故常聽聞文殊菩薩顯靈之
聖跡：「曇鸞將諸佛名號，比爲道教方術中的禁咒音辭……《眞誥》中人神交
通，接引成仙的思想與淨土菩薩接引往生的信仰也非常相似。」〔註37〕此言
實不然，《往生論註》中雖有提及：「諸佛菩薩名號，般若波羅及陀羅尼章句，
禁咒音辭等是也。」〔註38〕然咒術在《雜阿含經》中被名爲「邪命、非法」〔註
39〕，是因爲咒術對解脫煩惱無益，所以佛陀禁止比丘耽染此法。南北朝時期，
於社會動亂中，就盛行著道教的禁咒音辭，而大乘佛法的發展《般若經》、《法
華經》等大乘經典皆有讀經、寫經、布施經典能獲不可思議之現生利益，並
稱般若「是大神咒、是大明咒、是無上咒、是無等等咒」〔註40〕意味著似已
認同佛號如禁咒音辭之思想。

但《往生論註》裡卻說到：

> 諸佛菩薩有二種法身：一者法性法身；二者方便法身。由法性法身，
> 生方便法身；由方便法身，出法性法身。此二法身，異而不可分。

〔註36〕道端良秀著，彭俊雄譯：《中國淨土教史の研究》，頁88。
〔註37〕釋見杭：〈彌陀淨土往生行因之研究——以曇鸞、道綽、善導爲主〉，頁39：引白欲曉：〈論淨土信仰的中國化——從曇鸞淨土理論探討起〉，頁190～180。
〔註38〕釋曇鸞：《無量壽經優婆提舍願生偈註》，頁835中。
〔註39〕求那拔陀羅譯：《雜阿含經》，（台北：中華電子佛典協會（CBETA）依大正新脩大藏經第2冊，2011年3月），頁202下。
〔註40〕玄奘譯：《心經》，（台北：中華電子佛典協會（CBETA）依大正新脩大藏經第8冊，2009年4月），頁659中。

一而不可同。是故廣略相入，統以法名。菩薩若不知廣略相入，則
不能自利利他。」〔註41〕

　　是以說出佛身觀與神仙之位格不同，曇鸞或只是方便譬喻，持念佛號如
同禁咒音辭的感應效驗，如「中土本有的咒術中有酉時、亥時念『日出東方』
等禁腫辭即可消腫……呼木瓜之名即可治癒轉筋。」〔註42〕由此，而對於二
種法身（指法性法身與方便法身）則認為，是阿彌陀佛從清淨願心所莊嚴，
再廣略相入之統以法名的，可見是能自利利他的。

　　湯用彤說：「可見鸞即受流支呵斥以後，仍具有濃厚之道教氣味，按北朝
釋教本不脫漢世『佛道』色彩。曇鸞大行其道，與口宣佛號之所以漸盛行，
當亦由於世風使之然也」〔註43〕看似有濃厚道教氣味，但曇鸞心裡非常明白，
能授得淨土法門實屬不易，就要善巧方便，循序漸進地讓眾生知道，而曇鸞
有這樣的智慧和影響力，所以陳劍鍠先生說：

> 曇鸞以真俗二諦的中觀般若理論，來詮釋往生淨土之「生」，這個說
> 法建立之後，於不落空有二邊，契合中道實相之理的「生而無生」
> 之說，影響後來的學者，如《淨土十疑論》等等廣為採用。足見，
> 如能析理曇鸞所論的「往生」及「無生」的思想真義，於探究中國
> 淨土思想從晉唐以降對於「淨土是否實存」、「應否往生淨土」、「應
> 該往生何方淨土」、「往生西方淨土的難易」等問題，皆可做為論證
> 依據，進而深入探究。畢竟，「生而無生」與上述問題，對深化淨土
> 信仰的理論皆為不可或缺的一環。〔註44〕

　　總之，人體內本身，即具有無量能源善待被開發，又若能與宇宙的能源
相通，以達到心、性與法界之體合而為一，則才能和我們的本性相合，也就
是，再回到空性。這樣，出輪迴也才有可能，當然明心見性本然體現。

〔註41〕釋曇鸞：《無量壽經優婆提舍願生偈註》，頁841中。
〔註42〕釋見杭：〈彌陀淨土往生行因之研究——以曇鸞、道綽、善導為主〉，頁41。
〔註43〕湯用彤：《漢魏兩晉南北朝佛教史》，頁805。
〔註44〕陳劍鍠：〈曇鸞的空觀思想——以「十念相續」與「生而無生」為核心之探
　　　　討〉，頁94。

第三節　曇鸞對長生的觀念

一、病從何而來？

　　一場病，病得不輕，讓曇鸞連經都無法再註下去，他有感於：「命惟危脆，不定其常。」他不知如何找到痊癒的方法？也不知病從何而來？這個時代的人生病，大都找醫生、道士、仙術等人來幫忙看診。曇鸞的病很急，他以發菩提心的弘願，暫且先去找目前知道可以長生的神仙方術，來治好他的病。因為生病讓他更珍惜生命，希望自己能長生，甚至能因此解脫生死，這樣佛法的慧命才能延續，然而病從何而來？

　　曾經有個公案，也許可以說明眾生的病從何而來？那就是佛陀在世時，「深達實相，善說法要，辯才無滯，智慧無礙。」〔註45〕的維摩詰居士，他藉由示現病體而說法，這是從《維摩詰所說經》中，文殊師利菩薩答應世尊去探視居士的病況，卻展開一場相當精采而深富禪意的一段對話：

> 文殊師利言：……世尊慇懃致問無量，居士是疾，何所因起？其生久如？當云何滅？維摩詰言：從癡有愛，則我病生；以一切眾生病，是故我病；若一切眾生病滅，則我病滅。所以者何？菩薩為眾生故入生死，有生死則有病；若眾生得離病者，則菩薩無復病。
>
> 文殊師利言：居士此室，何以空無侍者？維摩詰言：諸佛國土亦復皆空。又問：以何為空？答曰：以空空。又問：空何用空？答曰：以無分別空故空。又問：空可分別耶？答曰：分別亦空。又問：空當於何求？答曰：當於六十二見中求。又問：六十二見當於何求？答曰：當於諸佛解脫中求。又問：諸佛解脫當於何求？答曰：當於一切眾生心行中求。……文殊師利言：居士所疾，為何等相？維摩詰言：我病無形不可見。
>
> 文殊師利言：居士！有疾菩薩云何調伏其心？維摩詰言：有疾菩薩應作是念：今我此病，皆從前世妄想顛倒諸煩惱生，無有實法，誰受病者！此法想者，亦是顛倒，顛倒者是即大患，我應離之。何謂

〔註45〕鳩摩羅什譯：《維摩詰所說經卷中——文殊師利問疾品第五》，（台北：中華電子佛典協會（CBETA）依《大正新脩大藏經》第 14 冊，2012 年 12 月），頁544 中。

病本？謂有攀緣，從有攀緣，則為病本。何所攀緣？謂之三界。云
何斷攀緣？以無所得，若無所得，則無攀緣。何謂無所得？謂離二
見。何謂二見？謂內見外見，是無所得。文殊師利！是為有疾菩薩
調伏其心，為斷老病死苦，是菩薩菩提。若不如是，己所修治，為
無慧利。……文殊師利！彼有疾菩薩，應如是觀諸法，又復觀身無
常、苦、空、非我，是名為慧；雖身有疾，常在生死，饒益一切，
而不厭倦，是名方便。……文殊師利！有疾菩薩應如是調伏其心，
不住其中，亦復不住不調伏心。所以者何？若住不調伏心，是愚人
法；若住調伏心，是聲聞法。是故菩薩不當住於調伏、不調伏心，
離此二法，是菩薩行。〔註46〕

　　病從何來？業來。業從何來？業從心來。心在哪裡？心，沒有。「萬法唯
心」〔註47〕。曇鸞在《往生論註》上也說：

云何在心？彼造罪人，自依止虛妄顛倒見生，此十念者，依善知識，
方便安慰，聞實相法生。一實一虛，豈得相比？譬如千歲闇室，光
若暫至，即便明朗，豈得言闇在室，千歲而不去耶？是名在心。
〔註48〕

　　人所有的起心動念都在這顆心啊！又何有病？所謂攀緣。什麼叫病？就
是眾生的心攀緣。如何斷攀緣？心無所得，則怎麼會攀緣呢？心不去想這個
病，把這病從心裡拔出去，沒有病，原來過去是沒有病的，現在造了業，業
有病，就這樣想。「佛」（覺者）就是這樣想。就是不能想病，一想，心裡就
有病；所以沒病（緣起性空），真是這樣！

　　所以曇鸞的病是讓他覺察到「緣起性空」的道理，且他立刻從中觀的思
想，一轉而為淨土的念佛（佛經上說：念佛，一念能消八十億劫生死重罪
〔註49〕）：

言諸佛如來是法界身者，法界是眾生心法也。以心能生世間出世間
一切諸法，故名心為法界。……是故入一切眾生心想中，心想佛時，
是心即是三十二相，八十隨形好者。當眾生心想佛時，佛身相好，

〔註46〕鳩摩羅什譯：《維摩詰所說經卷中——文殊師利問疾品第五》，頁544下。
〔註47〕實叉難陀譯：《大方廣佛華嚴經——夜摩天宮品第19》，頁102上。
〔註48〕釋曇鸞：《無量壽經優婆提舍願生偈註》，頁833下。
〔註49〕康僧鎧譯：《佛說無量壽經》，頁265下。

顯現眾生心中也。譬如水清則色像現。水之與像，不一不異。故言
佛相好身，即是心想也；是心作佛者，言心能作佛也。是心是佛者，
心外無佛也。〔註50〕

　　他明白佛無病，佛的生命無限，是不生不滅、無量無邊的，所以想佛念
佛就對了：「是心作佛者，言心能作佛也。是心是佛者，心外無佛也。」這是
究竟菩提之道：「色不異空，空不異色；色即是空，空即是色。受想行識，亦
復如是。」〔註51〕故他的行因學思歷程，已漸趨圓滿，如今既已找到了究竟
之法，當然就不會再修煉仙術了。

二、形而下與形而上

　　曇鸞的學思歷程，或許可藉由現代哲學所分析的「形而上學」〔註52〕來
做說明，不過「形而上」與「形而下」的思想，最早出現在《易經·繫辭上》：
「形而上者謂之道，形而下者謂之器。」〔註53〕這裡可以看出道與器成了相
對的關係：形而上者超乎形體之外者，即超經驗界或本體界的事物，是指理
想、精神方面，這是相對於形而下說的；形而下者，有形或具體者，即物理
界或現象界的事物，是指實在、物質方面，這是相對於形而上說的。近代學
者鄭觀應的解釋較有代表性，他將「形而上」與「形而下」分別言之：

　　　　所謂「道」，即「形而上者」，是萬物與人性之本源，是治理國事之
　　　　本；作為一種學問，「道」是「一語已足包性命之源，而通天人之故」
　　　　的原理之學。所謂「器」，即「形而下者」，是萬物，是有利於物質
　　　　發明和實際生活之末；作為學問，指「一切氣學、光學、化學、數
　　　　學、重學、天學、地學、電學」等「後天形器之學」。〔註54〕

　　中國自古以來，聖賢的思想便多傾向於以道為根本，而器為枝末，有追

〔註50〕釋曇鸞：《無量壽經優婆提舍願生偈註》，頁831下。
〔註51〕玄奘譯：《心經》，頁659中。
〔註52〕布魯格編，項退結譯：《西洋哲學辭典》，（國立編譯館：華香園出版社，1989
　　　　年1月），頁213。以下根據整理：形而上學是一個哲學術語，原是古希臘羅
　　　　德島的哲學教師安德羅尼柯給亞里士多德的一部著作起的名稱，意思是「物
　　　　理學之後」。為英語 Metaphysics 的義譯。因研討的對象為超物質、超感覺或
　　　　超現象之物，故譯為形而上學，於西元前四世紀由亞里斯多德首創。或稱為
　　　　本體論、第一哲學、實體論。
〔註53〕和裕出版社編：《易經》，（台南：能仁出版社，2002年），頁170。
〔註54〕夏東元：《鄭觀應集》，（上海：上海人民出版社，1982年9月），頁53。

求厚德高遠之志者。如儒家「君子謀道不謀食」、「君子憂道不憂貧」〔註55〕，可因安貧樂道而「朝聞道，夕死可矣。」〔註56〕體現出求道的生命意義和價值所在；如道家「古之善爲道者，微妙玄通，深不可識。」〔註57〕，「是以聖人處無爲之事，行不言之教。」〔註58〕，「天地與我並生，萬物與我爲一。」〔註59〕；然後東來的佛教，更是在心地上下功夫，爲了證得了生脫死的根源，遂直契入「形而上」的「覺性」、「眞如」、「自性」之中。

　　曇鸞出生的時代，一方面是興盛著清談、玄學（形而上）；另一方面又流行著道教方術、卜筮、煉丹（形而下）等的養生術。當曇鸞生病時，爲了使自己的病能趕快醫好，他四處尋訪療病，這看似爲了希望形而下的「體」器，能夠被醫好，然實質上他的心境是超越物質的，他一直是心靈上對佛法的追求和提升。單就此點而言，曇鸞最後能奇蹟式的找到形而上的長生之方，而不選擇神仙方術（相對於淨土長生之法而言，仙術的壽命仍有限。），主要是因爲他看到《往生論》上的正確觀念，他終於能清楚明白，「他力」的阿彌陀佛，能使「十念相續」成爲解脫生死，圓滿長生的不二法門，而這個「易行道」比起仙術是既簡單快速而又有保障（「究竟一生補處」〔註60〕）。所以曇鸞藉病的因緣而重新接觸到淨土，對於解脫生死的看法有了新的體會。

三、生命的究竟和不究竟

　　曇鸞在閱讀《大集經》時，心境起了不少變化：「讀《大集經》恨其詞義深密難以開悟，因而註解。」〔註61〕這「恨」字是懊惱自己智慧根器不夠，便開始心悶！最後，連註經都沒有辦法，於是「文言過半，便感氣疾，權停筆功，周行醫療。」這就是因習重而業積，曇鸞知道這樣註經是不能成的，如果再註下去的話，是一點得力之處也沒有。因此還是先把四大不調的身體

〔註55〕和裕出版社編：《學庸論語》，（台南：和裕出版社，2008 年 7 月），頁 170。
　　　　子曰：「君子謀道不謀食。耕也，餒在其中矣；學也，祿在其中矣。君子憂道不憂貧。」
〔註56〕同上，頁 66。
〔註57〕余培林註釋：《新譯老子讀本》，頁 38。
〔註58〕同上，頁 19。
〔註59〕錢穆：《莊子纂箋》，頁 17。
〔註60〕竺法護譯：《普曜經》，（台北：中華電子佛典協會（CBETA）依《大正新脩大藏經》第 3 冊，2009 年 4 月），頁 511 上。
〔註61〕釋道宣：《續高僧傳》，頁 182。

治療好，因爲「命惟危脆，不定其常。」身是不究竟的，但不能說它不究竟就不去管它，雖是四大假合之軀，還是要靠它來完成修行的「究竟」〔註62〕之道。

　　曇鸞之所以想得到長生之法，當不只用在自身生命上下工夫，他更希望慧命的長久延續，如此大願就必須找到究竟之路，因爲唯有究竟解脫之法才能徹底解決生死的根本問題，這時所謂的長生不死之法才能得到圓滿的解決。《佛說長阿含經卷第五第一分典尊經第三》提到：

> 佛告般遮翼曰：般遮翼，彼大典尊弟子，皆無疑出家。有果報、有教誡，然非究竟道。不能使得究竟梵行，不能使至安隱之處。其道勝者，極至梵天爾。今我爲弟子說法，則能使其得究竟道，究竟梵行，究竟安隱，終歸涅槃。我所說法，弟子受行者，捨有漏成無漏。心解脫、慧解脫，於現法中，自身作證，生死已盡，梵行已立，所作已辦，更不受有。〔註63〕

　　世尊曾在未成佛之前也出家說法行道，但當時所修的法不是究竟之道，所以無法讓弟子得涅槃。後來經過累劫的修行，積累德行，於菩提樹下大徹大悟，這時他爲弟子說法：方「得究竟道，究竟梵行，究竟安隱，終歸涅槃。」如此才能說得究竟解脫之法，且讓聽法的弟子，皆因得法而受益，故「捨有漏成無漏。心解脫，慧解脫，於現法中，自身作證，生死已盡，梵行已立，所作已辦，更不受有。」所以菩薩畏因，眾生畏果；尋求解脫之道的究竟法，超脫生死終至涅槃寂靜，的確是不究竟法所難契入的。

　　因此，尋求解脫的究竟之道，是曇鸞學佛最終的果，所以他會特別重視。在曇鸞的《往生論註》裡同樣對究竟之道有如實的體會：「言十方眾生往生者，若已生若今生若當生，雖無量無邊，畢竟常如虛空。廣大無際終無滿時，是故言究竟如虛空廣大無邊際。」〔註64〕虛空廣大無邊際是曇鸞對究竟解脫道的深遠意解，然這仍要回到緣起性空的根源上，去談生命終至涅槃寂滅之理：

〔註62〕丁福保：《佛學大辭典》，頁1125：「究竟」，表示結果、原委，有深入研究的意思。佛教語表示至極，即佛典裡所指最高境界。《大智度論》卷72：「究竟者，所謂諸法實相。」唐王維《西方變畫贊》序：「究竟達於無生，因地從於有相。」

〔註63〕佛陀耶舍共竺佛念譯：《長阿含經》，（台北：中華電子佛典協會（CBETA）依《大正新脩大藏經》第1冊，2011年3月），頁34上。

〔註64〕釋曇鸞：《無量壽經優婆提舍願生偈註》，頁828中。

「一者量究竟如虛空，廣大無邊際故。既知量，此量以何爲本？是故觀性，性是本義，彼淨土從正道大慈悲出世善根生。」〔註65〕虛空量大，無有窮盡；觀性亦如是，畢竟空空如也。故心性本然清淨，寂滅常照，此由大慈悲中生出世善根也，故究竟堅固，必至一生補處〔註66〕，是名大正道。

〔註65〕釋曇鸞：《無量壽經優婆提舍願生偈註》，頁 828 中。

〔註66〕同上，頁 840 上：復次《無量壽經》中，阿彌陀如來本願言：設我得佛，他方佛土諸菩薩眾，來生我國，究竟必至一生補處。丁福保：《佛學大辭典》上，頁 15：究竟，意謂事理之至極，頁 1125：一生補處，即佛地之法，以一轉生補佛處，是名一生補處。（是指最後身菩薩的別號，即盡此一生就能補到佛位的意思。）

第四章　曇鸞學佛歷程的轉折與淨土思想的開展

第一節　出家與學佛

一、龍樹菩薩及提婆學派之影響

　　中觀理論最早的闡述者和奠基者是 2～3 世紀的龍樹 〔註1〕和他的弟子提婆。這一派學說以般若經典為根據，所以又稱為「般若宗」或「般若之學」。屬於大乘佛教的第一階段，亦即日後中國佛教徒所說的「空宗」或「三論宗」〔註2〕。它發揮了大乘初期《大般若經》中空的思想，認為世界上的一切事物以及人們的認識，甚至包括佛法在內都是一種相對的、依存的關係（因緣、緣會），是一種假借的概念或名相（假名），其本身並沒有不變的實體或自性（無自性）。所謂「眾因緣生法，我說即是空，亦為是假名，亦是中道義」〔註

〔註 1〕　丁福保：《佛學大辭典》下：（台北：佛陀教育基金會，2004 年 7 月），頁 2724：《三寶感應錄》下曰：《金剛正智經》中，馬鳴過去成佛號大光明佛，龍樹名妙雲相佛；《大莊嚴三昧經》中：馬鳴過去成佛號日月星明佛，龍樹名妙雲自在王如來。

〔註 2〕　隋朝吉藏受「三論」（《中論》、《百論》、《十二門論》）的影響，於隋煬帝時，住長安日嚴寺，完成「三論」注疏，創立「三論宗」。

〔註 3〕　龍樹菩薩造，鳩摩羅什譯：《中論》，（台北：中華電子佛典協會（CBETA）依大正新脩大藏經第 30 冊，2003 年 6 月），頁 33 中：「眾因緣生法，我說即是空」句，出自〈觀四諦品〉第 24。

3〕，在他們看來，只有排除了各種因緣關係，破除了執著名相的邊見，才能證悟最高的真理──空或中道。

《大般若波羅蜜多經》為龍樹所宗之「經」，《中論》及《大智度論》則為龍樹所著之「論」。所以，論述中觀教義，應以上舉之經論為材料。龍樹對「緣起性空」的意義，闡釋最為明白，此亦為其學說中心，故又稱「空宗」。

「三論」，是印度佛教大乘空宗創始人龍樹所著的《中論》、《十二門論》及其弟子提婆（公元 170～270 年）所著的《百論》合稱，他所創立的學派因龍樹菩薩的《中觀論頌》而得名「中觀」，《中觀論頌》簡稱《中論》，是中觀學派最根本的抉擇深理的論典之一，《中論‧觀四諦品》曰：

> 以有空義故，一切法得成，
> 若無空義者，一切則不成。
> 眾因緣生法，我說即是空，
> 亦為是假名，亦是中道義。
> 未曾有一法，不從因緣生，
> 是故一切法，無不是空者〔註4〕。

《中論》從緣起性空入手，以「一切法空」為了義，遍破迷執，即遍破小乘各部偏見，直顯大乘一實相印，總攝大小乘教義，統一於中觀法門。自此以後，大乘佛教，如日麗中天，大顯于世。龍樹遊遍天竺各國，尋訪《摩訶衍經》，外破異道，內攘小乘，所向披靡，無有敢與抗言者。以後回到南天憍薩羅國，得到引正王的信奉，廣著諸論，專事弘揚，時有千部論主之稱。

中觀學派以空觀思想為理論基礎，分析運動、變化的諸多要素，以及這些要素之間的相因相待、對立統一的辨證關係，以明無所得正觀，稱為中觀學派的運動觀。

中觀派還進一步認為，作為最高修持境界的涅槃和現實世界在本性上是沒有差別的，它們之間所以有差別，主要是由於人們無明的結果，如果消除了無明，也就達到了涅槃，為此，他們規定了五十二行位的修行階段。另外，龍樹的中觀學說也是中國天台宗〔註5〕、華嚴宗和禪宗的立論依據。〔註6〕

〔註4〕 龍樹菩薩造，鳩摩羅什譯：《中論》，頁33中。
〔註5〕 天台宗與禪宗、華嚴宗都是中國佛教大師為適應本民族文化而開創的，因此被稱為最具中國特色的三大佛教宗派。天台宗的最大特色在於「教觀雙美」。在漢傳佛教大乘八宗之中，華嚴、法相、三論諸宗偏於教義理論的發揮；禪、淨、律、密諸宗偏於觀行實踐的進取。天台宗講究將「教觀」兩者發揮到極

　　〈觀去來品〉是龍樹《中論》的第二品。因爲它有破邪顯正的功用，所以又叫〈破去來品〉。所謂去來：「已去無有去，未去亦無去；離已去未去，去時亦無去。」〔註7〕，即宇宙萬事萬物運動變化的一種相狀，是八種倒見的末二位。所謂八倒，即生滅、常斷、一異、來去。我人因執迷於世間表相的幻境中，認虛爲實，認假成眞，以錯誤的主觀我見，把宇宙萬物強行劃分爲二元的世界。這八種倒見只是相對世界觀的大致，它代表著一切相待和矛盾的認識觀，故中論列出大概，一一破除它。本品可分爲三門：一、三時門。二、同異門。三、定不定門。三時門中，又有以時間分類的觀去、觀發、觀住三門。去，是運動的具體過程；發，是從靜到動的那一刹那，或最原初的

　　　致並圓融一體。天台智顗繼承了僧肇、吉藏等人的觀點，不是簡單地否認客觀世界的存在。他認爲世界上有兩種東西：一是「名」，一是「色」。然而，「名」、「色」二法都是由「心」產生的。他說：「三界無別法，唯是一心所作。」（《法華玄義》）根據《中論》：「因緣所生法，我說即是空」（出自〈因緣品〉第一）的原理，「名」、「色」二法也是空的，整個世界法不過是心的一個念頭，智顗把它稱爲「一念三千」。……在這個基礎上智顗認爲世上有 3000 種世間，但這 3000 種世間都出於一念心中，因此稱之爲「一念三千」。能將這一切都領會，那麼人就達到了頓斷三惑，圓證三智的境界。這是天台宗的中心思想。天台宗的宗旨是《妙法蓮華經》，指南是《大智度論》、《法華玄義》和《法華文句》，扶疏是《大般涅槃經》，觀法是《大般若經》。可見，中觀之學對智顗是有影響的。
　〔註6〕　常盤大定、宇井伯壽著，釋印海譯：《中印佛教思想史》（新竹：無量壽出版社，1987 年 1 月），頁 173～174：龍樹說除去後代瑜伽唯識系統之外，廣泛的成爲所有佛教各個宗派之淵源，繼承其全部系統亦不少，……秉承華嚴系統的華嚴宗，說明重重無盡法界緣起是如來藏緣起之發展，根據不共般若（頁171 反之說不共般若者，指爲菩薩行十地以後之第十地法雲地菩薩所説，唯有法身菩薩所解所行，而得的秘密之説。約經說，即指《法華》，《不可思議解脫經》等。秘密者，決不是佛陀之内密意義，而是所説秘奧深邃，若非其機不得其解之謂。所以《法華》、《華嚴》一切所説實際上綜合了般若波羅蜜最上義。）所見而有惟心緣起門之看法，都是經由龍樹思想洗鍊而來。天台宗自稱多承龍樹思想中主要諸法實相門而發展成十界互具、一念三千之學説。更以共、不共般若，才有佛法的秘密與顯示、直語與方便語、了義說與方便説。基於有知和不知名相等，而有密教中顯、密二教之教判，以及阿字本不生之説，成爲密教之根本。又陸道步行之難行道與水路乘船之易行道成爲聖、淨二門之基礎。修念佛三昧，憶念不廢，往生彌陀淨土，成爲淨土仗他力行門之淵源。最後禪是波羅蜜之根本，此中統括了大乘所有的三昧，以禪才能獲得般若波羅蜜，悟入諸法實相，證得眞實智，而又無所得，無所捨，爲眾生說諸法實相。在教化、修持這方面皆以禪爲根柢。
　〔註7〕　龍樹菩薩造，鳩摩羅什譯：《中論》，頁 3 下。

運動；住，便是與運動相對的靜止。發是由靜極而動，去是即靜之動，住是由動而靜，三者互爲因果，動靜相待，由動而靜，由靜而動，動靜無礙，即是不違性空的無常。同異門是論述運動諸緣的協調統一差別的，如去者、去法、去處等的區別與它們的辯證關係。定不定門，破執定執有，對運動諸要素的誰爲第一性、誰爲決定的存在、誰爲非決定的存在、或亦定亦不定的存在等論調，都給予了嚴厲的破斥。因此，若定要執動或執靜，乃至去者、去法、去處等，都不是無所得中道正觀的見解：「去法定不定，去者不用三；是故去去者，所去處皆無。」，從而一一予以否定。甚而包括不定的相對主義，以及對「什麼都要破」等的執著，都在破除之例了。

中觀學派的運動觀對動的破斥，並不是爲否定而否定，而是爲了破除我們心中的錯誤見解——對法的妄執，爲了說明宇宙萬物運動變化的眞相，爲了讓人們在無常的變遷中，把握生命的當下時光，從因地上下手，去發掘有情界的生命潛能，使之現實化，完成圓滿無暇的人格或崇高的道德品質。以使人們更深入地認識宇宙的本體，達到認知我人的本來面目——覺性——的目的，以啓迪人生智慧，趣向不二法門，成就人生之終極價值。中觀學派的運動觀同樣可與西方科學應證：

> 中觀學派的這種普遍聯繫律的運動觀，現代物理學已證實了它的正確性。1905 年愛因斯坦建立了狹義相對論，從理論上揭示了宇宙的相對性，發現了時間間隔和空間距離均與觀察者的運動速度有關，從而得到了有關時間和物質運動不可分離性的數學表述。德國數學家閔可夫斯基發展了相對論的數學論，他引入虛坐標 $u = ict$，代替通常的時間 t，使時間坐標與空間坐標在洛倫茲群中形式上完全等價，這就從數學上嚴格地表達了空間、時間的可區分而又不可分割的性質。〔註8〕

因此曇鸞之於龍樹菩薩（西元 2～3 世紀），其緣非淺。《淨土聖賢錄》有言：「興和四年，一夕，寺中見梵僧謂曰，吾龍樹也，久居淨土，以汝同志，故來相見。鸞自知時至。」〔註9〕又《續高僧傳》云：「續龍樹偈後，又撰安

〔註 8〕 余崇生：〈三論宗的傳承及其「空」思想之考察〉，台北，《法光學壇》第 2 期，1998 年 9 月，頁 59。
〔註 9〕 彭際清等：《淨土聖賢錄》，43 頁。

樂集兩卷等，廣流於世。」〔註10〕曇鸞雖然不是龍樹的直屬弟子，但他受龍樹菩薩的啓迪和影響卻不少，可以說曇鸞對龍樹菩薩是非常推崇和景仰的，這可從曇鸞著作的一些作品裡窺探其蛛絲馬跡，像《讚阿彌陀佛偈》第 52、53 首偈特別提出，龍樹菩薩是他的本師：

> 南無至心歸命禮西方阿彌陀佛
>
> 　本師龍樹摩訶薩　　誕形像始理頹綱
>
> 　關閉邪扇開正轍　　是閻浮提一切眼
>
> 　伏承尊悟歡喜地　　歸阿彌陀生安樂
>
> 願共諸眾生往生安樂國
>
> 南無至心歸命禮西方阿彌陀佛
>
> 　譬如龍動雲必隨　　閻浮提放百卉舒
>
> 　南無慈悲龍樹尊　　至心歸命頭面禮
>
> 願共諸眾生往生安樂國。

那是一種心中的默認，並以恭敬而莊嚴的舉止來至誠頂禮膜拜菩薩，是純然發自內心的景仰。因爲龍樹本師能：「關閉邪扇開正轍，是閻浮提一切眼；伏承尊悟歡喜地，歸阿彌陀生安樂。」這也是曇鸞的志業，學佛最重要是學對路，自己能判別觀念正不正確，是否找對正確方法學習，一旦路走對了、方法對了，才能事半功倍而不費吹灰之力地收到實質效益。曇鸞因爲敬佩龍樹菩薩，也因此透過龍樹菩薩早就知道西方有極樂世界了。他在《往生論註》卷下裡提到：「此菩薩願生安樂淨土，即見阿彌陀佛，見阿彌陀佛時，與上地諸菩薩畢竟身等法等。龍樹菩薩、婆藪槃頭菩薩輩願生彼者，當爲此耳。」〔註11〕在《往生論註》中處處可見曇鸞以般若中觀之思想解說淨土之教義。就是因爲曇鸞對般若中觀之思想有過深究和體悟，這已爲後來的淨土奠定了空觀的基礎，他的：「淨土思想，實深受著龍樹菩薩及僧肇大師思想所影響。」〔註12〕

《往生論註》卷上云：

> 問曰：大乘經論中，處處說眾生畢竟無生如虛空。云何天親菩薩言願生耶？

〔註10〕釋道宣：《續高僧傳》，頁 185。

〔註11〕釋曇鸞：《無量壽經優婆提舍願生偈註》，頁 840 上。

〔註12〕釋見杭：〈彌陀淨土往生行因之研究——以曇鸞、道綽、善導爲主〉，頁 35。

> 答曰：說眾生無生如虛空有二種：一者，如凡夫所謂實眾生，如凡
> 夫所見實生死。此所見事畢竟無所有，如龜毛、如虛空；二者，謂
> 諸法因緣生，故即是不生，無所有如虛空。天親菩薩所願生者，是
> 因緣義。因緣義故假名生，非如凡夫謂有，實眾生實生死也。〔註13〕

此段是在提問以大乘性空學說來質疑淨土實有的問題，這是一般凡夫因為
妄見顛倒，常產生「實眾生實生死」的見解，以此觀點，自然不能領悟天親菩
薩言願生的真意。天親菩薩所言願生，是站在諸法因緣生的立場上說願生，原
來這因緣所生法，本無自性，隨因緣而生，亦隨因緣而滅，故緣起之當下性即
空。菩薩就是因為看到萬法如夢如幻而體悟到無生的空義，便不再起執著於有
無之間，而卻能因有無遊戲人間。如同《中論》裡說的：「眾因緣生法，我說
即是無，亦為是假名，亦是中道義，未曾有一法，不從因緣生，是故一切法，
無不是空者。」在《往生論註》卷下中也提到願生的起源和諸佛的慈悲願力：

> 天親菩薩在釋迦如來像法之中，順釋迦如來經教，所以願生。願生
> 有宗，故知此言歸于釋迦，若謂此意遍告諸佛，亦復無嫌。夫菩薩
> 歸佛，如孝子之歸父母，忠臣之歸君后，動靜非己，出沒必由，知
> 恩報德，理宜先啟。又所願不輕，若如來不加威神，將何以達？乞
> 加神力，所以仰告：我一心者。天親菩薩自督之詞。言念無礙光如
> 來願生安樂，心心相續，無他想間雜。〔註14〕

我們知道極樂世界不是虛妄顛倒無明的輪迴世界，是法性清淨無生之
生，是阿彌陀佛以無漏淨願之所成就的世界。承上段言，天親菩薩願生淨土
即已：「體悟法性不生的假名生，是無生之生，非實在的生。」〔註15〕若能觀
淨土的依正報莊嚴是清淨相時，即與阿彌陀佛淨願心相應了，就能生彼清淨
國土了。又云：

> 是故菩薩興此莊嚴量功德願，願我國土如虛空廣大無際。如虛空者，
> 言來生者雖眾，猶若無也。廣大無際者，成上如虛空義。何故如虛
> 空？以廣大無際故。成就者，言十方眾生往生者，若已生、若今生、
> 若當生。雖無量無邊，畢竟常如虛空。廣大無際，終無滿時，是故
> 言究竟如虛空，廣大無邊際。〔註16〕

〔註13〕釋曇鸞：《無量壽經優婆提舍願生偈註》，頁 827 上。
〔註14〕同上，頁 827 上。
〔註15〕釋見杭：〈彌陀淨土往生行因之研究——以曇鸞、道綽、善導為主〉，頁 35。
〔註16〕釋曇鸞：《無量壽經優婆提舍願生偈註》，頁 828 中。

虛空之廣大究竟無量無邊，不可勝數也無有窮盡，因爲：「言來生者雖眾猶若無也」、「廣大無際終無滿時」，所以依著此，曇鸞已看出極樂世界的清淨相即是遍虛空，那麼清淨佛國其壽不也是無量無邊究竟圓滿嗎！這是世間任何法都無能超越的，如果沒有高度的智慧及超脫世間的氣量則如何識得？佛理之邏輯是非常紮實而縝密的，光是談因果其中之錯綜複雜，若非清淨心如何洞識？曇鸞能在龍樹菩薩《十住毘婆沙》中立刻覺察到「難行道」、「易行道」；「自力」、「他力」之異，而獨取「易行道」、「他力」〔註17〕爲淨土行門的重要關鍵，如此獨具慧眼的辨識基礎，應當與融會空宗的思想有關。

問曰：《觀無量壽經》言：諸佛如來是法界身，入一切眾生心想中。是故汝等，心想佛時，是心即是三十二相八十隨形好，是心作佛，是心是佛。諸佛正遍知海，從心想生，是義云何？

答曰：身名集成，界名事別，如眼界緣根、色、空、明、作意五因緣生，名爲眼界。是眼但自行己緣，不行他緣。以事別故，耳鼻等界亦如是。言諸佛如來是法界身者，法界是眾生心法也，以心能生世間出世間一切諸法，故名心爲法界。法界能生諸如來相好身，亦如色等，能生眼識。是故佛身名法界身，是身不行他緣，是故入一切眾生心想中。心想佛時，是心即是三十二相八十隨形好者，當眾生心想佛時，佛身相好顯現眾生心中也。譬如水清則色像現，水之與像不一不異，故言佛相好身，即是心想也。是心作佛者，言心能作佛也；是心是佛者，心外無佛也。譬如火從木出，火不得離木也。以不離木故，則能燒木，木爲火燒，木即火也。諸佛正遍知海，從心想生者。正遍知者，眞正如法界而知也；法界無相，故諸佛無知也，以無知故無不知也，無知而知者，是正遍知也。是知深廣不可測量，故譬海也。〔註18〕

萬法生滅皆由心，心想如是便如是，故「《觀無量壽經》言：諸佛如來是法界身。入一切眾生心想中。……是心作佛是心是佛。諸佛正遍知海從心想生。」是心要作佛是心便是佛，看來很容易啊！但你相信嗎？不相信，是心如何作佛？要相信了，是心作佛。因爲：「當眾生心想佛時。佛身相好，顯現眾生心中也，譬如水清則色像現。水之與像不一不異。……譬如火從木出，

〔註17〕釋曇鸞：《無量壽經優婆提舍願生偈註》，頁826上。
〔註18〕同上，頁831下。

火不得離木也。以不離木故，則能燒木，木爲火燒，木即火也。……法界無相，故諸佛無知也，以無知故無不知也，無知而知者，是正遍知也。是知深廣不可測量，故譬海也。」所以曇鸞當時雖然對空宗很感興趣，但是對極樂世界也應當不陌生，釋見杭法師就提到：「曇鸞大師運用龍樹菩薩緣起性空之學，與法性不生不滅、無生之生等說法，來對治求願往生淨土的問題。《往生論註》中，曇鸞大師除了以中觀思想，詮釋淨土是否實有以外，還轉而大談淨土的殊勝、諸佛願力的可靠、強調堅定信心，以信其實有來證明淨土之不虛，勸導眾生發願往生。」〔註19〕足見曇鸞受龍樹、提婆中論空觀之影響甚深。

二、般若空宗之影響

何謂空宗？所謂「空」並不是虛空、一切都不存在，而是「一切法都是因緣生，故是無自性。」〔註20〕的意義。說「一切法空」，即指一切法皆不是獨立實在；換言之，「空」即指「獨立實在性之否定」；故所謂「空」並非指「無」或一般意義之「不存在」。所以《中論》說：「未曾有一法，不從因緣生；是故一切法，無不是空者。」〔註21〕

它與龍樹菩薩有何關係？蓋中觀學派是印度大乘佛教的主要派別之一。在中國傳統稱爲空宗，因宣揚龍樹的中道而得名。中觀學派的「空性」是由否定經驗實體而顯現的，可以把它解說爲「緣起」，在哲學上的名稱是「絕對」。若依龍樹「中觀」第二十四品第九頌：「若人不能知，分別於二諦；則於深佛法，不知真實義。」〔註22〕。而對于「空性」修行的達成，是可藉由瑜伽修行的經驗來體證的。總之，中觀辯證法是「思惟分別」的否定，更是「絕對」直覺證悟的智慧（空慧）；就勘破煩惱而言，「絕對」即是涅槃（空）的解脫。

在《續高僧傳》裡曾提到曇鸞：「內外經籍具陶文理，而於四論佛性彌所窮研。」〔註23〕其中四論就是鳩摩羅什譯的《大智度論》、《中論》、《十二門論》和提婆的《百論》這四論曇鸞有精深的研究，以下即針對除《大智度論》

〔註19〕釋見杭：〈彌陀淨土往生行因之研究——以曇鸞、道綽、善導爲主〉，頁36。
〔註20〕龍樹菩薩造，鳩摩羅什譯：《中論》，頁33上。
〔註21〕同上，頁33上。
〔註22〕同上，頁32下。
〔註23〕釋道宣：《續高僧傳》，頁182。

〔註24〕外之「三論」之文本作一精要介紹，我們也可透過此部分而更了解曇鸞爲何獨鍾情於中觀，爾後又如何將中觀一門深入於淨土法門中：

（一）《中論》

《中論》共有五百偈，分二十七品，由〈觀因緣品〉第一到〈觀邪見品〉第二十七（〈觀十二因緣品〉是第二十六），我們從各品名中便可窺知，龍樹菩薩對觀因緣生法一切皆空的透徹瞭解，就像龍樹菩薩在第一品開宗明義地提到：

> 問曰：何故造此論？

> 答曰：有人言萬物從大自在天生，有言從韋紐天生，有言從和合生，有言從時生，有言從世性生，有言從變生，有言從自然生，有言從微塵生，有如是等謬，故墮於無因、邪因、斷常等邪見。種種說我我所，不知正法，佛欲斷如是等諸邪見，令知佛法故，先於聲聞法中說十二因緣，又爲已習行有大心堪受深法者，以大乘法說因緣相。〔註25〕

眾生就是因爲不知正法，種種邪見紛紛擾擾，尤其是「佛滅度後，後五百歲像法中，人根轉鈍，深著諸法，求十二因緣，五陰，十二入，十八界等決定相，不知佛意，但著文字。」〔註26〕佛滅度後，離佛漸遠，深著諸法與文字者漸多，所以龍樹菩薩作《中論》便是因緣而生：

> 依摩訶般若，以無得正觀爲宗，造《無畏論》十萬偈，說諸法皆空不可得之法門。次從無畏論中，拈示八不一頌，縱橫分合，成五百偈，立二十七觀門，說八不中道，即無所得中道，是爲《中論》〔註27〕

中觀派在破除人們執著空有的兩邊中提出了「八不」的學說。所謂八不，即《中論》開篇所直標的八不：

> 不生亦不滅，不常亦不斷。

> 不一亦不異，不來亦不出。

> 能說是因緣，善滅諸戲論。

> 我稽首禮佛，諸說中第一。〔註28〕

〔註24〕龍樹菩薩著之《大智度論》共 100 卷，因卷數過多甚難列舉，然其文仍不出中觀思想之外，雖謹此略之，同三論發揮，而其旨意亦不失矣。

〔註25〕龍樹菩薩造，鳩摩羅什譯：《中論》，頁 1 中。

〔註26〕同上，頁 1 中。

〔註27〕黃懺華：《佛教各宗大意》，（台北：佛陀教育基金會，1992 年 11 月），頁 333。

〔註28〕龍樹菩薩造，鳩摩羅什譯：《中論》，頁 1 中。

不生不滅（從實體方面看）、不常不斷（從運動方面看）、不一不異（從空間方面看）、不來不去（從時間方面看）。在中觀派看來，生滅、常斷、來去、一異是一切存在的基本範疇，也是人們認識現象之所以成立的根據。如果否定了這四對範疇，否定了主觀認識和客觀世界，從而就顯示了空性真理。他們還提出兩種真理說（二諦）。認爲在最高真理（真諦）空之外，還應承認相對真理（俗諦）之有，對修持佛法的人應該說真諦，說空性真理，對覆蓋無明（無知）的凡夫，應該說俗諦，即承認世界和眾生的存在。這就是「真空俗有」，這個學派認爲：一切的有無、生滅、來去僅是在俗諦假名上成立，究其根本，一切法了無自性，更說不上什麼有無、生滅、來去的種種分別。世俗有即畢竟空，有即空，空即有，真俗二而不二，不著有無二邊，是爲中觀。

這是龍樹菩薩的悲心，知世尊滅度後，恐後人學佛深著諸法，不契佛法真諦，因而作《中論》以破邪顯正，這是破大乘迷失，明大乘觀行，顯中道實相，推功歸佛的做法。僧叡曾經爲《中論》作序，一開始便把「中論」解說得相當清楚：

> 以中爲名者，照其實也。以論爲稱者，盡其言也。實非名不悟，故寄中以宣之。言非釋不盡，故假論以明之。其實既宣，其言既明，於菩薩之行道場之照，朗然懸解矣。〔註29〕

又說：

> 夫滯惑生於倒見，三界以之而淪溺，偏悟起於厭智，耿介以之而致乖，故知大覺在乎曠照。……道俗之不夷，二際之不泯，菩薩之憂也。是以龍樹大士，析之以中道。……蕩蕩焉，真可謂坦夷路於沖階，敞玄門於宇內，扇慧風於陳枚，流甘露於枯悴者矣。〔註30〕

蓋「凡夫爲無明所盲故」〔註31〕凡夫受虛妄分別執著所障，致使正知正見無法萌生，可憐滯惑淪溺於輪迴之途，已無窮盡矣！今日若知此論，著重在破一切虛妄偏邪，以明非有非空，直顯中道實相，如此「一切法一切時一切種，從眾緣生故，畢竟空故無自性。」〔註32〕因爲「未曾有一法，不從因

〔註29〕龍樹菩薩造，鳩摩羅什譯：《中論》，頁1上。
〔註30〕同上，頁1上。
〔註31〕同上，頁36下。
〔註32〕同上，頁36中。

緣生；是故一切法，無不是空者。」〔註33〕，而「眾因緣生法，我說即是空。何以故？眾緣具足和合而物生，是物屬眾因緣，故無自性，無自性故空，空亦復空。」〔註34〕這要真實明白了，還會起虛妄分別執著嗎？真所謂「一切法空故，世間常等見。何處於何時，誰起是諸見？」〔註35〕難怪乎龍樹菩薩要起身以至誠感恩之心頂禮佛陀了：「瞿曇大聖主，憐愍說是法。悉斷一切見，我今稽首禮。」〔註36〕這個舉動是惟有真正契悟事實真相的實踐者，方能明白空性的真髓。

（二）《十二門論》

《十二門論》是《中論》的精要：「就《中論》內，擇其精玄，成十二略觀門，開示般若正觀，尅證中道法性，是為十二門論。」〔註37〕故十二門者，從〈觀因緣門〉第一到〈觀生門〉第十二，都與《中論》的思想息息相通。十二門論序中說：

> 十二門論者，蓋是實相之折中，道場之要軌也。十二門者，總眾枝之大數也，門者開通，無滯之稱也。論之者，欲以窮其源盡其理也。若一理之不盡，則眾異紛然。有或趣之乖，一源之不窮，則眾塗扶疏。〔註38〕

《十二門論》者既是「實相之折中，道場之要軌。」這是中論的再進一步發揮，能更具體地驗證中道法性，開顯般若正觀，龍樹菩薩因愍眾生「末世眾生薄福鈍根」故而推演摩訶衍義，特為眾生演說大乘教法，欲令眾生有開悟者。故龍樹菩薩即於《十二門論》觀因緣門第一中提出摩訶衍義：

> 問曰：解摩訶衍者，有何義利？
> 答曰：摩訶衍者，是十方三世諸佛甚深法藏，為大功德利根者說，末世眾生薄福鈍根，雖尋經文不能通達，我愍此等欲令開悟，又欲光闡如來無上大法，是故略解摩訶衍義。
> 問曰：何故名為摩訶衍？

〔註33〕龍樹菩薩造，鳩摩羅什譯：《中論》，頁 33 中。
〔註34〕同上，頁 33 中。
〔註35〕同上，頁 17 中。
〔註36〕同上，頁 39 中。
〔註37〕龍樹菩薩造，鳩摩羅什譯：《十二門論》，（台北：中華電子佛典協會（CBETA）依大正新脩大藏經第 30 冊，2004 年 1 月），頁 159 中。
〔註38〕同上，頁 159 中。

答曰：摩訶衍者，於二乘為上，故名大乘，諸佛最大是乘能至，故名為大。諸佛大人乘是乘故，故名為大。又能滅除眾生大苦，與大利益事故名為大。又觀世音、得大勢、文殊師利、彌勒菩薩等。是諸大士之所乘故，故名為大。又以此乘，能盡一切諸法邊底，故名為大。又如《般若經》中，佛自說摩訶衍義，無量無邊，以是因緣故名為大。大分深義，所謂空也，若能通達是義，即通達大乘，具足六波羅蜜，無所障礙。是故我今但解釋空，解釋空者，當以十二門入於空義。〔註39〕

　　摩訶衍義之無量無邊，故名為大，大之深義能通達者即謂之空，此是大乘行持六度波羅蜜的真實意。龍樹菩薩將《十二門論》帶入空義中，隨即解釋眾緣所生法有二種，一者內二者外：

外因緣者，如泥團、轉繩、陶師等和合，故有瓶生。又如縷繩、機杼、識師等和合，故有疊生。……又如種子、地水火風、虛空、時節、人功等和合，故有芽生。

內因緣者，所謂無明、行、識、名、色、六入、觸、受、愛、取、有、生老死。各各先因而後生，如是內外諸法，皆從眾緣生。〔註40〕

　　內外諸因緣法，亦皆從眾緣生，然本自無生，何以有生？蓋因眾緣合和而生：「是十二因緣法，實自無生，若謂有生，為一心中有，為眾心中有。」〔註41〕若如是觀察，眾緣內外皆空，則一切法空，故龍樹菩薩於《十二門論》中，每設一門，則門門揭發如是空義，並常以如：「是故眾緣皆空，緣空故從緣生法亦空。是故當知，一切有為法皆空，有為法尚空，何況我耶。」〔註42〕等諸段落，置於各十二門之末後而明釋空義如：

則一切有為法皆空。何以故？一切有為法，皆是因是果。有為空故，無為亦空。有為無為尚空，何況我耶！

一不可得，異不可得，更無第三法成相可相，是故相可相俱空。是二空故，一切法皆空。

一切法空。何以故？諸法無性故。

〔註39〕龍樹菩薩造，鳩摩羅什譯：《十二門論》，頁159下。
〔註40〕同上，頁159下。
〔註41〕同上，頁160上。
〔註42〕同上，頁160上。

是故有爲無爲及我皆空。

有爲法不成故，無爲法亦不成。有爲無爲法不成故，眾生亦不成。

是故當知，一切法無生，畢竟空寂故。〔註43〕

專以解說空義的《十二門論》，正是以般若觀一切因緣相，其緣生緣滅，有相無相一切皆空，怎有自性呢？是以眾因緣生無自性：

答曰：佛雖如是說，從眾因緣生苦，破四種邪見，即是說空。說苦從眾因緣生，即是說空義。何以故？若從眾因緣生，則無自性，無自性即是空。如苦空，當知有爲無爲及眾生，一切皆空。〔註44〕

「生果則不生，不生亦不生；離是生不生，生時亦不生。」〔註45〕生不生皆空，緣起既無自性，「菩薩清涼月，常遊畢竟空。」〔註46〕以空觀的思想，照見世塵，行無礙眼，則苦樂如幻，性空如幻，可破邪顯正，入中道實相門，是爲《十二門論》。

（三）《百論》

《百論》爲龍樹菩薩的弟子提婆所著，提婆：「繼體紹述，復演二十品百首盧義。妙弘此宗，正破外道，兼破內道之執，是爲《百論》。」〔註47〕僧肇曾爲提婆以辭藻典雅之駢文，而作〈百論序〉，其文風韻清舒，文藻煥逸，讀之猶耐人尋味，令人讚歎不已。〈百論序〉言：

《百論》者，蓋是通聖心之津塗，開眞諦之要論也。佛泥曰後八百餘年，有出家大士，厥名提婆，玄心獨悟，俊氣高朗，道映當時，神超世表，故能闢三藏之重關，坦十二之幽路。

于時外道紛然，異端競起，邪辯逼眞，殆亂正道，乃仰慨聖教之陵遲，俯悼群迷之縱惑，將遠拯沈淪，故作斯論。所以防正閑邪，大明於宗極者矣。

每撫茲文，所慨良多。

〔註43〕龍樹菩薩造，鳩摩羅什譯：《十二門論》，頁 167 上。

〔註44〕同上，頁 165 下。

〔註45〕同上，頁 167 上。

〔註46〕古德法師演義・釋智願定本：《阿彌陀經疏鈔演義》，（台北：中華電子佛典協會（CBETA）依大正新脩大藏經第 22 冊，2009 年 6 月），頁 778。

〔註47〕龍樹菩薩造，鳩摩羅什譯：《百論》，（台北：中華電子佛典協會（CBETA）依大正新脩大藏經第 30 冊，2003 年 6 月），頁 167 下。

論凡二十品，品各五偈；後十品，其人以爲無益此土，故闕而不傳，
冀明識君子，詳而攬焉。〔註48〕

提婆繼承龍樹希望匡正時局，爲了要讓正法久住，其間仍須秉持著「雖
千萬人吾往矣」〔註49〕的信念而堅住不移，這也就是〈百論序〉所言，及提
婆爲何作此論之因：「乃仰慨聖教之陵遲，俯悼群迷之縱惑，將遠拯沈淪，故
作斯論。」此乃大乘之教能在當時挺立之因。

《百論》有二十品，前十品由〈捨罪福品〉第一至〈破空品〉第十，其
中從第二品起至第十品止，品名之第一字皆以「破」字爲題，此便明示《百
論》即是以破邪歸正，兼破內外爲樞紐；後十品如〈百論序〉中言：「其人以
爲無益此土，故闕而不傳」這是較可惜的地方。《百論》第一品便提到身口意
須行正行，若行邪行，如何修善？〈捨罪福品〉第一云：

外曰：佛說何等善法相？

內曰：惡止善行法，佛略說善法二種，止相行相，息一切惡，是名
止相。修一切善，是名行相。何等爲惡？身邪行，口邪行，意邪行。
身殺盜婬；口妄言、兩舌、惡口、綺語；意貪瞋，惱邪見。復有十
不善道。

身正行，口正行，意正行。身迎送合掌，禮敬等。口實語，和合語、
柔軟語，利益語。意慈悲正見等。如是種種清淨法，是名善法。何
等爲行？於是善法中，信受修習，是名爲行。

譬如鹽自性鹹，能使餘物鹹。吉亦如是，自性吉，能使餘物吉。

若行者不止惡，不能修善，是故先除麁垢，後染善法。譬如浣衣，
先去垢，然後可染。〔註50〕

此品所言：「息一切惡」、「修一切善」不正是平日我們所言的：「諸惡莫
作，眾善奉行；自淨其意，是諸佛教。」〔註51〕嗎！是故以清淨法在正知見
中行善法，是名佛教。接著提婆又以行者有三種分別智而說明之：

〔註48〕龍樹菩薩造，鳩摩羅什譯：《百論》，頁167下。
〔註49〕和裕出版社編：《孟子公孫丑章句上》，（台南：和裕出版社，2001年10月），
　　　　頁47：「自反而不縮，雖褐寬博，吾不惴焉；自反而縮，雖千萬人，吾往矣。」
〔註50〕龍樹菩薩造，鳩摩羅什譯：《百論》，頁168上。
〔註51〕丁福保：《佛學大辭典》，頁103，〈七佛通戒偈〉：術語）謂之通戒或略戒。諸
　　　　佛出世之初，因弟子清淨，不須別制戒禁，但以一偈通爲禁戒，故曰通戒或
　　　　略戒。即七佛各有一通戒也。

佛三種分別：下中上人施戒智。行者有三種：下智人教布施、中智
人教持戒、上智人教智慧。

布施者少利益，是名下智。持戒者中利益，是名中智。智慧者上利
益，是名上智。

一切善法，戒爲根本。持戒之人，則心不悔。不悔則歡喜，歡喜則
心樂。心樂得一心，一心則生實智。實智生則得厭，得厭則離欲，
離欲得解脫，解脫得涅槃，是名淨持戒。

是故無相智慧最第一。無相，名一切相不憶念，離一切受。過去未
來現在法，心無所著，一切法自性無故，則無所依，是名無相。以
是方便，故能捨福。〔註52〕

此段落之所以分別下中上三種智，乃因受當時像法時代眾生根鈍，多著
人我法執而不能覺，因此強調淨持善法的重要，而上智之無相智慧，即在表
示無自性之空觀。行者無論從那一種出發，皆是善因緣之聚合，最後終能因
覺悟空性，而通達涅槃解脫之逕。故《百論》中〈破常品〉第九言：

涅槃名離一切著，滅一切憶想。非有非無，非物非非物，譬如燈滅
不可論說。外曰：誰得涅槃，是涅槃何人得？內曰：無得涅槃。我
先說如燈滅，不可言東去，南西北方，四維上下去，涅槃亦如是，
一切語滅。〔註53〕

這裡正說出涅槃的眞諦：「離一切著，滅一切憶想。」所以不可說、不可
得，而提婆用燈滅來譬喻涅槃，更顯示出涅槃的空無所有，是以無常眞相破
「常」相。《百論》最末再以「破空」作爲總結，而《百論》的中心思想到此
作了圓滿的論證，〈破空品〉第十云：

破他法故自法成，自法成故一切不成，一切不成故，我無所成。外
曰：不然！世間相違故。若諸法空無相者，世間人盡不信受。內曰，
是法世間信，是因緣法世間信受。所以者何？因緣生法，是即無相。

汝言無執是即執，又言我法與世人同，是則自執。內曰：無執不名
執如無。我先說因緣生諸法即無相，是故我無所執，無所執不名爲
執。

_____

〔註52〕 龍樹菩薩造，鳩摩羅什譯：《百論》，頁 168 上。
〔註53〕 同上，頁 179 中。

如愚癡人，欲破虛空，徒自疲勞。內曰：雖自性空，取相故縛。一
切法雖自性空，但爲邪想分別故縛。

譬如愚人見熱時焰，妄生水想。

不爲破水，如是諸法性空，眾生取相故著，爲破是顛倒故，言破實
無所破。

是名無我無我所，又於諸法，不受不著，聞有不喜，聞無不憂，是
名解脫。外曰：何以言名得解脫？不實得解脫耶！內曰：畢竟清淨
故，破神故，無人破涅槃故，無解脫。云何言人得解脫，於俗諦故，
說名解脫。〔註54〕

綜上觀之，提婆的《百論》大都針對破除邪見這一方著墨甚多，這是他
體得空的真義後，更能掌握以破邪作爲論據所致。但整體觀之，《百論》尚未
全然發揮龍樹菩薩之中觀思想，而卻偏於破邪這一邊，這是較爲可惜的地方。

以上爲「三論」之內容精要，合《大智度論》爲四論，對於曇鸞一生之
影響甚深甚遠，曇鸞從初出家以來，將近四十年的時間從事空宗思想的研究
與體悟，其對空宗如此情有獨鍾，應該與早期對儒道思想之涉獵有關，因爲
對儒道典籍要有充分而深度的瞭解，也才能應用於佛典中而不失偏頗，同時
曇鸞也看出當時清談玄理之風熾盛的時代，並沒有真正找出中心思想和徹底
解決之道，卻只是因爲論而論，因爲談而談。所以當他接觸四論時，確實找
到了究竟解決之道的鑰匙，一旦開啓了這把鑰匙，也就等於爲他往後修持淨
土奠下了深信不疑的根基。所以從曇鸞的著作中，隨時可以看到四論的蹤影，
以下便舉出曇鸞於《往生論註》、《略論安樂淨土義》及《讚阿彌陀佛偈》諸
文中，幾段與中觀思想有關的內容，作爲應證，如《往生論註》：

彼淨土從正道大慈悲出世善根生，既言出世善根，此善根生何等相？
是故次觀莊嚴形相，既知形相，宜知形相何等體。是故次觀種種事，
既知種種事，宜知種種事妙色。是故次觀妙色，既知妙色，此色有何
觸？是故次觀觸，既知身觸，應知眼觸。是故次觀水、地、虛空莊嚴
三事，既知眼觸，應知鼻觸，是故次觀衣華香薰。既知眼鼻等觸，須
知離染。是故次觀佛慧明照，既知慧光淨力，宜知聲名遠近。〔註55〕

〔註54〕 龍樹菩薩造，鳩摩羅什譯：《百論》，頁 181 中。
〔註55〕 釋曇鸞：《無量壽經優婆提舍願生偈註》，頁 838 下。

　　此段在說明淨土：「彼淨土從正道大慈悲出世善根生」，正因如此，淨土是大乘妙法。雖宣說種種莊嚴形相，其實是變化所作。變化，幻化也。是空中生妙有。

　　問曰：有論師汎解眾生名義。以其輪轉三有，受眾多生死，故名眾生。今名佛菩薩為眾生，是義云何？

　　答曰：經言，一法有無量名，一名有無量義，如以受眾多生死，故名為眾生者，此是小乘家，釋三界中眾生名義，非大乘家眾生名義也。大乘家所言眾生者，如不增不減，經言：言眾生者，即是不生不滅義。何以故？若有生，生已復生，有無窮過故，有不生而生過故，是故無生。若有生，可有滅，既無生，何得有滅？是故無生無滅是眾生義，如經中言：五受陰通達空無所有是苦義。斯其類也。〔註56〕

　　以不增不減、不生不滅言眾生義；故眾生生而無生，即空無所有，既空無所有，究竟一切皆空，此段大意猶如龍樹菩薩《十二門論》中對空的解說：「有為法不成故，無為法亦不成。有為無為法不成故，眾生亦不成，是故當知，一切法無生，畢竟空寂故。」〔註57〕但這不是消極的，認為一切法無生，都空寂了，就什麼也不必說、不必做了。這是不可能的，我們還是要說、還是要做，就因為一切法無自性，所以不起妄想、分別、執著地行下去，以此漸能達到體空的真諦，而身心自在。猶如，《大智度論》31 卷：「性空者，諸法性常空，假業相續，故似若不空。」「諸法眾緣和合故有」〔註58〕「眾緣若少若無，則無有法。」〔註59〕這就是空性的道理。佛教把「緣起性空」看成是宇宙萬有的真相，稱為「諸法實相」，為大乘佛教理論基礎。中觀派以空性為根本正見，原來我們的真如自性，能像源頭活水一樣，清淨無染，且恆常不斷地流露般若智慧心海，有著本然自在的氣度。

　　接著看下兩段的內容，利用層層否定，就連「一切否定」都否定了，達到一切皆空時，便是行深般若波羅蜜多時。

〔註56〕釋曇鸞：《無量壽經優婆提舍願生偈註》，頁 831 中。
〔註57〕龍樹菩薩造，鳩摩羅什譯：《十二門論》，頁 167 上。
〔註58〕龍樹菩薩造，鳩摩羅什譯：《大智度論》，（台北：中華電子佛典協會（CBETA）依大正新脩大藏經第 25 冊，2004 年 3 月），頁 292 上。
〔註59〕同上，頁 292 上。

佛教問曰：心是覺知相，云何可得？同地水火風無分別耶！答曰：心雖知相，入實相則無知也。譬如蛇性，雖曲入竹筒則直。又如人身，若鍼刺、若蜂螫（式亦反），則有覺知。若石蛭（之一反），噉若甘，刀割則無覺知。如是等有知無知，在于因緣。若在因緣，則非知非無知也。問曰：心入實相，可令無知。云何得有一切種智耶？答曰：凡心有知，則有所不知。聖心無知，故無所不知。無知而知，知即無知也。問曰：既言無知，故無所不知；若無所不知者。豈不是知種種法耶！既知種種之法，復云何言無所分別耶！答曰：諸法種種相，皆如幻化。然幻化象馬，非無長頸鼻手足異，而智者觀之，豈言定有象馬分別之耶！〔註60〕

一法句者，謂清淨句。清淨句者，謂眞實智慧無爲法身故。此三句展轉相入，依何義名之爲法？以清淨故，依何義名爲清淨？以眞實智慧無爲法身故。眞實智慧者，實相智慧也。實相無相，故眞智無知也。無爲法身者，法性身也。法性寂滅，故法身無相也，無相故能無不相，是故相好莊嚴即法身也。無知故能無不知，是故一切種智即眞實智慧也。以眞實而目智慧、明智慧，非作非非作也。以無爲而標法身，明法身，非色非非色也。非於非者，豈非非之能是乎，蓋無非之曰是也，自是無待復非也。非是非非，百非之所不喻，是故言清淨句。清淨句者，謂眞實智慧無爲法身也。〔註61〕

此兩段文，以推疊式的不同層次來進行討論，如同馮友蘭在《中國哲學簡史》上所提到的：

還有一個眞正相似之處：佛教此宗與道家所用的方法，以及用這種方法所得的結果，都是相似的。這種方法是，利用不同的層次，進行討論。一個層次上的說法，馬上被高一層次上的說法否定了。……《莊子‧齊物論》所用的也是這種方法，它就是以上剛才討論的方法。

一切都否定了，包括否定這個「否定一切」，就可以達到莊子哲學中相同的境界，就是忘了一切，連這個「忘了一切」也忘了。這種狀

〔註60〕釋曇鸞：《無量壽經優婆提舍願生偈註》，頁839中。
〔註61〕同上，頁841中。

態，莊子稱之爲「坐忘」，佛家稱之爲「涅槃」。我們不可以問佛教此宗，涅槃狀態確切地是什麼，因爲，照它說的，達到第三層次的眞諦，就什麼也不能說了。〔註62〕

　　馮友蘭已從這裡看出中道學派的二諦義〔註63〕，有道家所用的方法，像《莊子‧齊物論》那樣：「一個層次上的說法，馬上被高一層次上的說法否定了。」同樣的《往生論註》也有用這樣的句法如：「若在因緣，則非知非無知也。」、「凡心有知，則有所不知。聖心無知，故無所不知。無知而知，知即無知也。」、「以眞實而目智慧、明智慧，非作非非作也。以無爲而標法身，明法身，非色非非色也。非於非者，豈非非之能是乎，蓋無非之曰是也，自是無待復非是也。非是非非，百非之所不喻，是故言清淨句。」〔註64〕此種模式可以看出，中國的天人合一思想常在「行不言之教」〔註65〕中去體悟，而佛法也不例外。所以二者都特別重視實踐，它要確實恆常行持一段時間才會有所體悟，也惟有透過眞實歷練，對於世出世間的一切道理才能更明白、更透徹。曇鸞領受空宗「諸法性空」的眞諦，以此更明白眾生對俗諦的貪著，曇鸞希望最後能於眞俗二諦中超越解脫。曇鸞在《略論安樂淨土義》中也一樣有空觀的思想，如：

> 汝引解迷爲喻，猶是一迷耳。不成迷解，亦如夢中與他解夢，雖云解夢，非是不夢。以知取佛，不曰知佛。以不知取佛，非知佛。以非知非不知取佛，亦非知佛。以非非知非非不知取佛，亦非知佛。佛智離此四句，緣之者心行滅，損之者言語斷。以是義故，釋論云：若人見般若，是則爲被縛；若不見般若，是亦爲被縛。若人見般若，是則爲解脫；若不見般若，是亦爲解脫。〔註66〕

　　這裡有類莊子作夢的話：「亦如夢中與他解夢，雖云解夢，非是不夢。」將夢換作知佛智，便有：「以知取佛，不曰知佛。以不知取佛，非知佛。以非知非不知取佛，亦非知佛。以非非知非非不知取佛，亦非知佛。佛智離此四

〔註62〕馮友蘭：《中國哲學簡史》，頁 240。

〔註63〕龍樹菩薩造，鳩摩羅什譯：《中論》，頁 32 下。「二諦說」在《中論》第 24 品第 8 至第 10 詩頌裡，提出了著名的「二諦說」，「二諦說」即是指龍樹所謂的「世俗諦」、「勝義諦」。

〔註64〕釋曇鸞：《無量壽經優婆提舍願生偈註》，頁 841 中。

〔註65〕余培林：《新譯老子讀本》，頁 19。

〔註66〕釋曇鸞：《略論安樂淨土義》，頁 2 下。

句，緣之者心行滅，損之者言語斷。」這也是類似《莊子·齊物論》中的辯破法，是一個層次被另一個高一層次上的說法所否定的句子。在「三論」文本裡也有這樣否定的句子，但所不同的是《莊子·齊物論》推論至最後，是在還原最初始的答案，如「道隱於小成，言隱於榮華。故有儒墨之是非，以是其所非而非其所是。欲是其所非而非其所是，則莫若以明。」〔註67〕；曇鸞與空宗的層次說，則卻要找回究竟根本之路：「釋論云：若人見般若，是則爲被縛；若不見般若，是亦爲被縛。若人見般若，是則爲解脫；若不見般若，是亦爲解脫。〔註68〕」。

《略論安樂淨土義》又云：

> 此命斷時，即是生安樂時。一入正定聚，更何所憂也。〔註69〕

承上所言：「緣之者心行滅，損之者言語斷。」言語斷，心行滅，即入正定之聚，心自在無憂惱，是安樂國無生，是一切法無生，畢竟空寂故。再看曇鸞的《讚阿彌陀佛偈》：

> 彼已猶空斷二想，然智慧炬照長夜；三明六通皆已足，菩薩萬行貫心眼敢能得生安樂國，皆悉住於正定聚；邪定不定其國無，諸佛咸讚故頂禮。或聞三寶之妙章，或聞寂靜空無我，或聞無量波羅蜜，力不共法諸通慧。〔註70〕

在《讚阿彌陀佛偈》的文本裡，還是會出現「空觀」的思想，曇鸞以空、有不二，觀淨土的殊勝妙境，自然能契入中道實相的聖境，所以少年時上五台山，即能因「備覩遺蹤」而「心神歡悅」，這其中已是在蘊釀準備中了。守培法師在《空有二宗根本之考究》中如是提到：

> 佛教之宗旨，不以有爲宗，亦不以空爲宗，無所宗是爲佛教之宗。此如風動幡動的故事，以世人心量觀風動幡動，各有理由，任何人不能說風動不是，亦不能說幡動不是，即不能解決二者之是非。唯六祖曰：非風動，非幡動，仁者心動，當下破二邊之執，發二者之深省，可謂善說中道者矣。〔註71〕

〔註67〕 錢穆：《莊子纂箋》，頁 5。
〔註68〕 釋曇鸞：《略論安樂淨土義》，頁 2 下。
〔註69〕 同上，頁 3 下。
〔註70〕 釋曇鸞：《讚阿彌陀佛偈》，頁 1978。
〔註71〕 釋守培：〈空有二宗根本之考究〉，（北京：中華佛教網，2009 年 11 月），Powered by www.cafj.org。

曇鸞之對淨土有如此深厚信念，皆因四十年來精進於中觀思想的結果，故其行因之深沉根柢即是受過中道思想的訓練，所以當他一門深入於淨土法門時，其行持念佛工夫非凡夫之著有，亦無小乘之偏空。如此大乘念佛，是菩提心念佛，這樣念佛不執空亦不執有，所以守培法師又說：

> 以上考究空有二宗，有種種批評：或謂二者全是，或謂二者全非，從未能分別其曲直。以余見解，畢竟空宗勝于有宗。何以故？偏空是小乘法，偏有是凡夫法，以有破空，如回小乘向凡夫；以空破有，是度凡夫入小乘，其曲直可判然矣。再則，清辨雖破有，而自不立於空，然其佛法非特不可執有，亦復不可執空。如掌珍論云：「眞性有爲空，如幻緣生故。無爲無有實，不起似空花」。可證清辨有爲無爲皆不著，即不落空有二邊也。至于護法，則執定色不離識，依圓是有，遍計是無，始終不離二邊。是故餘雖引非風動、非幡動，雙非二者，以理量而論，畢竟以空破有爲合法。
> 〔註72〕

綜上所言，曇鸞以頓修頓悟，體生即無生之理，爲上品上生之無生智。如同見杭法師在《彌陀淨土往生行因之研究——以曇鸞、道綽、善導爲主》論文中說：「曇鸞大師運用龍樹菩薩緣起性空之學，與法性不生不滅、無生之生等說法，來對治求願往生淨土的問題。」〔註73〕由此可見曇鸞受般若空宗之影響甚深甚廣，其淨土往生行因之歷程，不離般若空性，亦自可明也。

三、僧肇思想之影響

曇鸞能有如此紮實而深厚的空觀般若，其受學的對象除了龍樹菩薩的思想外，還深受僧肇之《肇論》思想的啓發。僧肇是鳩摩羅什（西元 343～413）的四大弟子之一，自鳩摩羅什大量譯作龍樹中觀學後，中國佛學者才眞正見到大乘佛法，從而推動了中國佛學的發展，僧肇在羅什門下十餘年，被稱爲什門「四聖」或「十哲」之一，又稱爲「解空第一」。僧肇在東晉後期爲重要的佛教論辯家，對我國尤其大乘佛教般若性空思想的發展及影響，有著不可抹滅的貢獻。

〔註72〕釋守培：〈空有二宗根本之考究〉，Powered by www.cafj.org。
〔註73〕釋見杭：〈彌陀淨土往生行因之研究——以曇鸞、道綽、善導爲主〉，36頁。

僧肇（生於東晉孝武帝太元九年，西元 384 年，卒於晉安常義熙十年，西元 414 年；一說 374～414〔註74〕），京兆（今陝西長安市）人。《高僧傳》云：

> 家貧以傭書爲業，遂因繕寫，乃歷觀經史，備盡墳籍。愛好玄微，每以莊老爲心要，嘗讀老子德章。乃歎曰：美則美矣，然期棲神冥累之方，猶未盡善也。後見舊維摩經，歡喜頂受，披尋翫味。乃言：始知所歸矣。因此出家。學善方等，兼通三藏，及在冠年而名振關輔。時競譽之徒，莫不猜其早達。或千里趨負，入關抗辯。肇既才思幽玄，又善談說。承機挫銳，曾不流滯。〔註75〕

僧肇僅以二十歲左右，年紀如此輕，便已能「學善方等，兼通三藏。」而深入地鑽研佛教大乘經籍，通曉經、律、論三類佛教經典。

關於僧肇的重要著述，就是現存的《肇論》〔註76〕，《肇論》是開啓三論宗有關龍樹菩薩中觀思想的重要論著，它大約成書於南朝梁、陳時，除了〈物不遷〉、〈不眞空〉、〈般若無知〉、〈涅槃無名〉四論外，還有一篇〈宗本義〉，載於卷首，如同全書的綱領。

四論中，〈宗本義〉從緣生無性談實相，宇宙萬法都由因緣會合而生，萬法雖現有而性常自空，所以稱爲「性空」。性常自空即爲「法性」，法性眞實如是，即爲「實相」，稱爲「本無」。「本無」是派生實相，超一切名言分別，故不能說它是有，也不能說它是無。

〈不眞空論〉從立處皆眞談本體，〈不眞空論〉中以《放光般若經》所說：

〔註74〕塚本善隆：〈肇論在佛教史上的意義〉，（京都大學：人文科學研究所研究報告「肇論研究」）中認爲僧肇是 41 歲逝世的，其生年應當往前推上 10 年，爲西元 374 年，其主要的理由是，從僧肇的佛教學業基礎跟隨鳩摩羅什從學來看，如果說逝世時 31 歲，似太年輕了！

〔註75〕釋慧皎：《高僧傳》，（台北：財團法人佛陀教育基金會，2003 年 2 月），頁 165～166。

〔註76〕關於《肇論》的註疏現存的有晉惠達的《肇論疏》三卷（現闕下卷）、唐元康的《肇論疏》三卷、宋淨源的《肇論中吳集解》三卷、又《肇論集解令模鈔》二卷、宋遵式的《注肇論疏》三卷、宋悟初道全集其師《夢廣和尚書釋肇論》一卷、元文才的《肇論新疏》、《肇論新疏遊刃》各三卷、明德清的《肇論略疏》六卷等。另外還有明道衡的《物不遷論辨解》一卷。又宋陸澄《法論目錄》《出三藏記集》卷十二所載及隋法經《眾經目錄》（卷六）著錄有僧肇的《丈六即眞論》一卷，已佚。又現存《寶藏論》一卷，題作僧肇注，但文義舛雜，不似出其手筆。

「諸法假號不眞」作依據，立「不眞空」義。僧肇在這篇論文中歸納作「心無」、「即色」、「本無」三家。他以宇宙萬法都屬虛假，依因緣生，即是不眞，也即是空。既不是眞生，即非是有。但萬事萬象都已經呈現，也不能說是無。非有非無，所以稱爲不眞空。但森然萬象雖非眞實，而由眞體起用，即用即體，所以說「立處即眞也」。

〈物不遷論〉中更從即動即靜來論證體用一如的道理。論文首先引用《放光般若經》所說「法無去來、無動轉者。」而解釋說並非捨動而求靜，是由動靜的始未不同，而知宇宙萬法的不遷徙變易。

〈般若無知論〉談體用的關係。今昔的事物不相往來，「若動而靜，似去而留。」，「言常而不住，稱去而不遷。」；從而「如來功流萬世而常存，道通百劫而彌固。」意思就是說法身本體，無去無來，所以常恒不變。蓋絕對的本體不可與相對的動靜等現象截然劃分，即動即靜，也正是在辨明即體即用的道理。

最後〈般若無知論〉中，依《放光般若經》所說：「般若無所知、無所見」，而說有所知就有所不知，這部分曇鸞即曾在《往生論註》卷下中引到〈般若無知論〉裡的話：「凡心有知，則有所不知。聖心無知，故無所不知，無知而知，知即無知也。」〔註77〕聖心無知，所以無所不知，不知之知才叫作一切知，所以聖人虛其心而實其照，「虛不失照，照不失虛。」；「用即寂，寂即用。」；曇鸞在此引用僧肇解空之道，確實：「說明若不執外境，並能觀照事相之本質，原是虛妄不實的話，則能體悟緣起法之空無自性，照見平等一味之法性。」〔註78〕這也是說明體用一如、動靜相即，與緣生實相，立處皆眞的理論一貫，而貫串了他的般若、三論宗的中道思想。

僧肇的《肇論》，將印度龍樹中觀思想的論著做了一次初步而有系統的整理，此外對玄學與佛學如何互動互融的問題，都可以在這部論著裡得到回應。「後世的三論宗人很推尊僧肇，常常把他和鳩摩羅什並稱，有『什、肇山門』之語，以他的學說爲三論宗的正系。」〔註79〕，僧肇對於《般若》、三論的中道思想可說在中土大大地發展了一步。接著再看曇鸞的中觀思想同時也受僧肇的影響，《往生論註》卷下中提到：

〔註77〕釋曇鸞：《無量壽經優婆提舍願生偈註》，頁839中。
〔註78〕釋見杭：〈彌陀淨土往生行因之研究——以曇鸞、道綽、善導爲主〉，頁38。
〔註79〕黃懺華：《中國佛教史》，頁62。

肇公言：法身無像而殊形並應，至韻無言而玄籍彌布，冥權無謀而動與事會，蓋斯意也。……一法句者，謂清淨句。清淨句者，謂真實智慧無為法身故。此三句展轉相入，依何義名之為法？以清淨故。依何義名為清淨？以真實智慧無為法身故。真實智慧者，實相智慧也。實相無相，故真智無知也。無為法身者，法性身也。法性寂滅，故法身無相也。無相故能無不相，是故相好莊嚴即法身也，無知故能無不知，是故一切種智即真實智慧也。以真實而目智慧，明智慧，非作非非作也；以無為而標法身，明法身，非色非非色也。非於非者，豈非非之能是乎？蓋無非之曰是也，自是無待復非是也，非是非非，百非之所不喻，是故言清淨句。清淨句者謂真實智慧，無為法身也。〔註80〕

曇鸞和僧肇一樣雖生於玄學盛行之後，早年又曾受老莊的影響，僧肇是一位：「愛好玄微，每以莊老為心要，嘗讀老子德章。乃歎曰：美則美矣，然期棲神冥累之方，猶未盡善也。」〔註81〕曇鸞亦對道家鑽研甚多，或許同僧肇一樣，也體察到老莊之學仍非究竟解脫之途。僧肇的學問實得之於鳩摩羅什，以《維摩》、《般若》、三論為宗；而曇鸞的學問則得之於龍樹《般若》、三論，兩者之學思歷程其法脈是相承的。僧肇以緣生無性（實相）立處皆真為中心思想，進而談論體用動靜有無等問題，綜合了體用、有無合一的學說；曇鸞卻以龍樹菩薩「八不」學說與一切法空：諸法無性故無生，及僧肇「體悟緣起法之空無自性」、「立處即真」等空觀思想來詮釋淨土教理，這是影響淨土法門於教於理上，邁向更深遠寬廣的境界，如此境界亦深受僧肇思想之影響甚殷甚切。

四、註《大集經》

《續高僧傳》言：「讀大集經，恨其詞義深密，難以開悟，因而註解，文言過半便感氣疾，權停筆功，周行醫療。」〔註82〕曇鸞所讀之《大集經》，應該指的是北涼天竺三藏曇無讖所翻譯的《方等大集經》版本，曇無讖（385～

〔註80〕 釋曇鸞：《無量壽經優婆提舍願生偈註》，頁841上。
〔註81〕 釋慧皎：《高僧傳》，頁165～166。
〔註82〕 釋道宣：《續高僧傳》，頁182。

433）是南北朝佛教高僧，著名譯經家，他擅長方術，能「明解咒術，所向皆驗」〔註83〕是涅槃宗的始祖。

《大方等大集經》瓔珞品第一云：

> 具足諸佛所行之處，如來得成菩提道已，轉妙法輪，調伏無量無邊眾生，於一切法而得自在。世尊逮得一切法中無礙智慧，能善分別一切眾生諸根利鈍，永斷一切煩惱習氣，不待莊嚴了知諸法。〔註84〕

曇鸞就是依循著學佛的正途，在菩提道上用功，相信一定可以找到「能善分別一切眾生諸根利鈍，永斷一切煩惱習氣。」的法門。惟有佛法，方能得「一切法中，無礙智慧」，所以他一覽閱《大集經》，即生大恭敬心註經的念頭。

當然，對佛禮敬，如印光大師所云：「一分恭敬，則消一分罪業，增一分福慧。有十分恭敬，則消十分罪業，增十分福慧。」〔註85〕無論對己對人都有殊勝無比的收穫。《大方等大集經》中說：

> 爾時世尊即從三昧安詳而起，謦欬之聲徹于十方，一切眾生悉得聞之。聞已即於佛法僧寶生信敬心，十方世界所有比丘、比丘尼、優婆塞、優婆夷：若人非人，聞佛聲已，身心寂靜，以佛功德威神力故。……爾時會中有一菩薩，名諸法自在功德花子，即入三昧。其三昧名瓔珞莊嚴，以三昧力故，於寶坊中出師子座，座高八萬億多羅樹，七寶莊嚴散種種花，為諸眾生之所樂見，能淨一切眾生之心。爾時諸法自在功德花子菩薩摩訶薩，化作如是師子座已，從其三昧安詳而起，合掌恭敬頭面作禮，即於佛前以偈讚曰：日月光明壞現

〔註83〕釋慧皎：《梁高僧傳》卷第二，曇無讖生平：其本中天竺人。六歲遭父喪，隨母傭織罽緂為業。見沙門達摩耶舍，此雲法明，道俗所崇，豐於利養。其母美之，故以讖為其弟子。十歲同學數人讀咒，聰敏出群。誦經日得萬餘言，初學小乘，兼覽五明諸論。講說精辯，莫能訓抗。後遇白頭禪師，共讖論議。……乃謂禪師曰：『頗有經典可得見不？』禪師即授以樹皮涅槃經本。讖尋讀驚悟，方自慚恨；以為坎井之識，久迷大方。於是集眾悔過，遂專大乘。至年二十，誦大小乘經，二百餘萬言。……讖明解咒術所向皆驗。西域號為大咒師。」所譯經典：《大般涅槃經》、《方等大集經》、《方等大雲經》、《悲華經》、《菩薩地持經》、《優婆塞戒》、《金光明經》四卷、《海龍王菩薩戒本》。

〔註84〕曇無讖譯：《大方等大集經》，（台北：中華電子佛典協會（CBETA）依《大正新脩大藏經》第 13 冊，2004 年 4 月），頁 1 上。

〔註85〕李淨通：《印光大師文鈔菁華錄‧五勉居心誠敬》，（台南：和裕出版社，2007年 1 月），頁 150。

冥，佛光能壞三世闇。如來具足神通力，勝於一切諸天光。佛了法
界無覺知，如幻水月無去來。無生無受無作者，真實知已為眾說。
知色心中無色心，方便為眾說色心。如來神通猶如幻，知諸法界亦
復然。一切眾生心常淨，或時為客煩惱污。諸佛如來得解脫，示現
神通等如幻。虛空無地無住處，如來之心亦如是。為眾故昇師子座，
如先諸佛說甘露。一切大眾無去來，亦無聽說無受者。諸法悉皆如
虛空，唯願開闡真實界。世尊受我師子座，願為眾生師子吼。愍眾
故演梵音聲，熾然智燈破癡闇。十方諸來聽法眾，悉來集會此寶坊。
願佛當施大法施，破無量世貧窮際〔註86〕。

「如來具足神通力，勝於一切諸天光。」如來雖具足神通力，然猶如夢
幻泡影，是「愍眾故說不可說，記說無我知法性。」〔註87〕所以這水月世間
是無去來的，曇鸞即從經文中了知空觀的真實利益及仰仗佛力加持的不可思
議，這裡已運用了超越反省法如引文所提：「聞佛聲已，身心寂靜，以佛功德
威神力故。」、「以三昧力故，於寶坊中出師子座，座高八萬億多羅樹，七寶
莊嚴散種種花，為諸眾生之所樂見，能淨一切眾生之心。」等以清淨寂然超
越之，然後在空觀上、佛施大法施上做進一步的覺照。接著又說：

譬如一處百年闇室，一燈能破。汝等亦爾，無量世中無明黑闇，今
日能破如日月寶光，住信戒施慧禪定亦爾。善男子。汝等今者請佛
說法，以是因緣，汝等當得破無明闇，為諸眾生作智慧明。〔註88〕

「百年闇室，一燈能破」，因為累世累劫的無明黑闇，障住了我們的智慧，
無法見到光明，曇鸞非常珍惜自己能夠出家，欣慰自己於此世值遇佛法，當
然希望在修學佛法中能破無明闇。所以，學佛，他一直要找到正確的路徑，
而註經一途能讓他找到答案：

爾時眾中有一菩薩名法自在王，白佛言：世尊，如來境界不可思議。
何以故？如來發心將欲說法，能令一切大眾雲集，為菩提故，作大
莊嚴大法神通，無量世間得大名稱，身心寂靜獲得解脫，及得不可
思議，法界十方諸佛之所讚歎。具足一切十波羅蜜，成就通達善權
方便，能裂一切諸魔疑網，能滅眾生惡邪諸論，能善分別一切法界。

〔註86〕曇無讖譯：《大方等大集經》，頁3下。
〔註87〕同上，頁1下。
〔註88〕同上，頁4中。

—82—

逮得具足無礙智慧，具念意行智慧勇健，具足獲得四無礙智，善知眾生諸根利鈍，知眾生界隨意說法，常能宣說清淨法界，善解一切方俗之言，能得一切清淨梵音，具足成就慈悲之心。諸邪異見不能令動，不可破壞如金剛山，具修三相建立法幢，已渡甚深十二因緣河，斷斷常見能調大眾，無量劫中得不可思議法聚，能療眾病如大醫王，聞深法已不生怖畏。〔註89〕

同處又云：

三十二相八十種好莊嚴其身，具足成就三十七品及八解脫，身口意業純善無雜，能令眾生悉來聽法。世間之法所不能污，常受安樂，常修法界，惠施法寶於法無厭；於諸有法，心不染著，猶如蓮花塵水不染，明勝諸光智深如海，紹三寶性調眾生界，能開佛藏護持佛法，具足無量功德智慧，無量劫中修集莊嚴無量功德，常欲獲得一行之心一色一處，具如是等功德菩薩悉來集會。唯願如來，說菩薩行無礙法門，利益過去未來現在諸菩薩等，令初發心得不退故，久發心者得增長故，行菩提道得淨意故，不退菩薩學佛法故，一生菩薩瓔珞莊嚴故，後身菩薩得阿耨多羅三藐三菩提故；定性眾生增長因緣故，未定性者作因緣故；未入佛法者令得入故，已入佛法者敬佛法故；樂三乘者說一乘故，施於世間人天樂故。世尊：如來出世，有如是等不可思議事。世尊：今此大眾一一菩薩，悉能示現諸大神通，是故諸佛及諸菩薩不可思議。世尊：云何眾生無明愛重，雖見菩薩如是神通，而故生於聲聞緣覺卑下之心。世尊：菩薩初發菩提心時，已勝一切聲聞緣覺。世尊：譬如有人，捨諸琉璃取於水精，一切眾生亦復如是，捨於大乘喜樂聲聞辟支佛乘。若有眾生已發欲發，阿耨多羅三藐三菩提心者，如是之人，當獲得如是功德。爾時會中，有三十億那由他，百千萬億眾生天與人，發阿耨多羅三藐三菩提心。

　　學佛能得如此種種無量無邊殊勝法益，令曇鸞隨時提起正念，發勇猛精進心，信持不懈，這都是因為用功鑽研佛典，儒道經文所致。也許就在他染患沉疾之際，回想起註《大集經》時：「有一菩薩名法自在王……無量劫中得不可思議法聚，能療眾病如大醫王」雖然：「讀《大集經》恨其詞義深密

〔註89〕曇無讖譯：《大方等大集經》，頁4中。

難以開悟」，但也已種在他最深信不疑的識田中，他相信，只要發心不退，終究能等到殊勝因緣的出現。

《大方等大集經陀羅尼自在王》菩薩品第二云〔註90〕：

> 時世尊，知諸菩薩悉已大集。作是思惟，今日如是善丈夫等，咸欲得知諸法實義，能持如來甚深法藏。欲得聞受諸菩薩行無礙法門，尋放眉間白毫光明，名無所畏，遶諸大眾滿七匝已，於陀羅尼自在王菩薩頂上而入。爾時陀羅尼自在王菩薩，承佛神力，化作寶蓋，猶如三千大千世界，七寶莊嚴，以覆如來寶座之上，頭面作禮合掌長跪，說偈讚佛：如來於法得自在，其光能破世間闇。世尊佛眼無罣礙，能見諸法眞實義。具足無量諸功德，無師獨悟諸法界。如來放光爲眾生，今入我身何因緣。我本所知念不明，陀羅尼根亦如是。此光今來入我身，了了得知諸法界。身心獲得大清淨，受樂無上無有邊。我今已知佛境界，亦得樂說無礙辯。十方諸佛親近難，愚者不能師事之。我今承佛神力故，欲少發問利眾生。何因緣發菩提心，復以何義佛出世。何緣放光遍十方，復以何因示神通。何緣佛爲眾授記，願爲大眾分別說。今此大眾勝無上，悉能受持佛法界。此眾無魔及魔業，唯有開示佛法藏。我智淺近有邊崖，何能諮請無上尊。今問如來無邊智，云何得知諸方便。願今教誨諸弟子，我學已得法自在。得已能施大法雨，當報十方諸佛恩。

此段慨歎親近佛、親近法之不易，因爲得無罣礙不易，得法自在不易，所以當「教誨諸弟子」，「當報十方諸佛恩」。如此「親近佛與眾，修集無上智；我說四瓔珞，能嚴佛菩薩；若有至心信，即得是莊嚴。」〔註91〕綜觀《大集經》經文內意，曇鸞早對佛法是深信不疑的，但是目前急症尚不知如何得治，於是只好借重他種方法，希望疾病早點痊癒，而且他也說過：「由斯疾愈，欲繼前作，顧而言曰：『命惟危脆，不定其常，本草諸經，具明正治。長年神仙，往往閒出，心願所指，修習斯法。果剋既已，方崇佛教，不亦善乎！』」〔註92〕只要病治好了：「果剋既已，方崇佛教。」由此可見他仍在學佛裡。最後他遇到淨土法門，爲什麼會這麼快，又這麼篤定地，便直接了當地修念

〔註90〕曇無讖譯：《大方等大集經》，頁 5 中。
〔註91〕同上，頁 5 下。
〔註92〕釋道宣：《續高僧傳》，頁 182。

佛法門，病就能好呢？其實這個中的道理和他早期接觸大乘空觀思想是有關的。猶如陳劍鍠在《曇鸞的空觀思想──以「十念相續」與「生而無生」為核心之探討》論文中所言：

> 依彌陀淨土法門言，往生淨土是行者之終極關懷，但彌陀淨土之往生觀念與大乘空觀之無生觀念似有矛盾之處，因而有人否定淨土的實際存在，使得淨土信仰產生危機……中國早期淨土教學在未建立體系時，學人常以大乘空觀思想來詮釋淨土法門的種種議題，致使淨土思想涵容著大乘空觀思想，而寓意甚深哲理，曇鸞即是代表人物之一，但因曇鸞被譽為中國淨土宗的開創者，或被譽為奠基者，遂使他本帶有濃厚空觀哲理的淨土思想被掩蓋，謹以他所強調的他力救度及稱名念佛的這個成分，認定他的教學屬他力派之易行道，這種看法漠視思想演進的必然軌轍。〔註93〕

我們知道一個人的修學，都有他的前因緣，也同樣地影響到後來的修學成果，曇鸞修學佛法的行因及學思歷程亦不例外，陳劍鍠先生又說：

> 曇鸞的淨土思想極為豐富多樣，空宗與有宗的思想涵容在他的淨土思想之中，道教神仙方術對長生不死的修煉法門，也成了淨土念佛方便調氣法。他的空宗思想可以藉由他提出的「十念相續」及「生而無生」的議題來探討；他的有宗思想可以藉由他詮釋「五念門」的議題來探討，這個部分為道綽所繼承，開出更為完善的理論架構。〔註94〕

這即是佛法的融通性蘊含無盡藏，儒道諸法既然都可以容納於淨土法門之中；則佛學著作的空宗教理之融入淨土法門更是實至名歸。同時也可證明曇鸞受大乘般若之影響甚深甚廣，一旦接觸三根普被的大乘淨土亦同樣能直契其法門，這是毋庸置疑的。

第二節　淨土法門之接觸

一、「長生」與「轉」字釋義

曇鸞對淨土法門的接觸，可以從他因忽患重病，急欲尋找良醫良方而來。

〔註93〕陳劍鍠：〈曇鸞的空觀思想──以「十念相續」與「生而無生」為核心之探討〉，（嘉義：世界宗教學刊，第八期2006年12月），頁71～96。

〔註94〕同上，頁74。

這場病逼迫著他要正視一個問題，那就是：人可以長生嗎？不死嗎？若能，自己在現世才有再續佛慧命的可能〔註95〕。所以他為了尋得究竟真理的答案，憑著一股不想輕易放棄的信願，他抱病千里迢迢地四處參訪，也許這股切求法的心，感動了人天，也感應到龍天護法菩薩，讓他一「轉」道法而為佛法。故「長生」二字與「轉」字的深層含意，是值得說明白的：

（一）「長生」二字釋義

關於「長生」二字，在曇鸞《續高僧傳》裡曾這樣的記載：

> 逢中國三藏菩提流支。鸞往啟曰：佛法中頗有『長生』不死法，勝此土仙經者乎？菩提流支唾地曰：是何言歟？非相比也。此方何處有『長生』法？縱得長年，少時不死，終更輪回三有耳！即以觀經授之曰：此大仙方，依之修行，當得解脫生死。鸞尋頂受，所齎仙方並火焚之。自行化他，流靡弘廣。〔註96〕

曇鸞所問的「長生」和菩提流支所回答的「長生」，同為究竟義。然而「長生」究竟為何？這必須解說清楚。在《佛學大辭典》〔註97〕裡，說「長生」是「極樂之壽命也」，《無量壽經》曰：「何不棄世事，勤行求道德，可獲極長生，壽樂無有極。」又曰：「何不棄眾事，個曼強健時，努力勤修善，精進願度世，可得極長生。」〈教行信證信卷〉曰：「信心者，則是長生不死之神方。」這話說得相當貼切，令人油然生起無畏的信念。

此外，「長」與「生」在《說文解字註》上，對二字的認識是：

長　chang2／zhang3 久遠也。从兀从匕。兀者，高遠意也。久則變化。亾聲。乿者，倒亾也。凡長之屬皆从長。臣鉉等曰：倒亡，不亡也。長久之義也。直良切〔註98〕

小註：久者，不暫也。遠者，不近也。引申之為滋長，長幼之長。今音知丈切，又為多餘之，長度長之長，今音直亮切。兀下曰長也，是滋長，長幼之長也。

〔註95〕 此部分已在本論文第三章第三節「曇鸞對長生的觀念」中探討過，此處則以單就「長生」二字與「轉」字的釋義，以開展出曇鸞如何將中國仙道的長生思想轉而為佛法中彌陀淨土的長生境界。

〔註96〕 釋道宣：《續高僧傳》，頁184。

〔註97〕 丁福保：《佛學大辭典》，頁1280。

〔註98〕 段玉裁：《說文解字註》全文檢索 http://shuowen.chinese99.com/index.php 天工書局出版 2004 年 8 月，編號 6036。

旡 古文長。　　　**旡** 亦古文長。

生 sheng1 進也。象艸木生出土上。凡生之屬皆从生。所庚切。

〔註99〕

從《說文解字註》對「長」與「生」本義的解說，合而言之，就是生命滋長久遠，不斷長進，不斷蒙生的意思。所以淨土是「極樂之壽命也」。既已知道這殊勝的妙法，曇鸞當然選擇佛法裡的「長生」為行因的歸途。

（二）「轉」字釋義

《佛學大辭典》對「轉」字的解說，相當詳盡而清楚，所謂「轉」即是：「依物之因緣而生起曰轉，以其生起，即其物之轉變也」。唯識論一曰：「有種種相轉」同述記曰：「轉是起義。」

「轉凡為聖」《宗鏡錄》曰：「還丹一粒，轉鐵為金；至理一言，轉凡為聖。」

「轉化」：「與遷化同。轉教化於他土之義。又為遷轉變化之義，謂命終之變也。《無量壽經》下曰：『是二菩薩於此國土。修菩薩行，命終轉化生彼佛國。』」

《說文解字註》上，對「轉」字釋義是：

轉

轉 zhuan3／zhuan4 運也（還也）。从車專聲。〔註100〕（小註：還大徐作運，非，還者，復也。復者，往來也。運訓迻徙，非其義也，還極今環字。）〔註101〕

〔註99〕段玉裁：《說文解字註》，編號3856。

〔註100〕同上，編號9525。

〔註101〕周何：《國語活用辭典》，（台北：五南圖書出版，1993年8月），頁1761解「運」字有：轉動（運行）；靈活地（運用自如）二意。頁663解「復」字有：又、再（死灰復燃）。故筆者依本論題所表達之意則採大徐之說，以「運」作解。

從《說文解字註》的：「運也」到《佛學大辭典》〔註102〕：「依物之因緣而生起曰轉，以其生起即其物之轉變也。」這個解釋已經很清楚了，是物之「生起」時，也就是「即其物之轉變」的時候；這與「轉化」一詞相通，即「轉化，又爲遷轉變化之義」。故曇鸞的「由仙轉佛」之「轉」字，也含有這樣的意味。

二、菩提流支淨土思想之啓發——曇鸞由仙轉淨

曇鸞與菩提流支是不期而遇的，在面對生死病苦的最後關頭，曇鸞居然把內心最渴望想解脫生死的問題，託付與一位剛見面不久的菩提流支，其所依憑的信度是什麼？曇鸞受菩提流支思想的啓發爲何？何況曇鸞還沒來得及修煉陶弘景所授與的仙經十卷，就立即接下《無量壽經優波提舍願生偈》？

其實，這並非偶然，兩位僧者在對話中，其最重要的關鍵就是「長生」：「鸞往啓曰：佛法中頗有『長生』不死法，勝此土仙經者乎？」〔註103〕因爲菩提流支的回答，使曇鸞在迅即間悟出眞相：「流支曰：此方何處有不死之法？少時不死，卒歸輪轉，曷足貴乎？夫長生不死，吾佛道也，乃以十六觀經授之。曰：學此，則三界無復生，六道無復往，盈虛消息，禍福成敗，無德而至。至其爲壽也，河沙劫量，莫能比也，此吾金仙氏之長生也。鸞大喜，遂焚仙經，而專修靜觀。自行化他，流布彌廣。」〔註104〕菩提流支所交予曇鸞的《無量壽經優波提舍願生偈》是曇鸞修學佛法的重要里程，也是曇鸞生命的另一轉折。

而這一次啓發，也讓曇鸞在面對《往生論》時，註經的態度，亦如同面對初時註《大集經》一般，曇鸞願意全然地接續慧命，肯下心地工夫作註。曇鸞專研《往生論註》的工作，其全然投入的生命力度，勢必遠超過當初註《大集經》時來得殷切而至誠，因爲在註《往生論》前，其經歷疾患之苦，當遍求長生解脫之法未果時，其遺憾、悵惘之心只有曇鸞知個中滋味。如此學思歷程，若非眞有深切體悟，則曇鸞對往生淨土的信心和願力，是不可能堅定持久的。因爲「如來出世，有如是等不可思議事。世尊，今此大眾一一

〔註102〕丁福保：《佛學大辭典》，頁 2816。
〔註103〕釋道宣：《續高僧傳》，頁 184。
〔註104〕同上，頁 184。

菩薩，悉能示現諸大神通，是故諸佛及諸菩薩不可思議。」〔註105〕所以，一旦遇到菩提流支，一切眞相既已大白，曇鸞當然立即行持《無量壽經優婆提舍願生偈》。

三、曇鸞對《往生論》淨土思想的接觸

天親菩薩的《無量壽經優波提舍願生偈》提到：「世尊我一心，歸命盡十方；無礙光如來，願生安樂國。」〔註106〕學佛以一心，盡歸命於十方，如此佛光無礙，與佛相感應，又：「觀彼世界相，勝過三界道；究竟如虛空，廣大無邊際。正道大慈悲，出世善根生；淨光明滿足，如鏡日月輪。」〔註107〕此處似乎讓曇鸞開始萌生：若有佛光常清淨照持，這勝妙因緣怎好不把握，心中必然願生安樂國。因爲：「佛慧明淨日，除世癡闇冥；梵聲語深遠，微妙聞十方。正覺阿彌陀，法王善住持；如來淨華眾，正覺華化生。愛樂佛法味，禪三昧爲食；永離身心惱，受樂常無間。」〔註108〕有他力的威神加持，願生佛國的信心必增，何況：「眾生所願樂，一切能滿足；故我願往生，阿彌陀佛國。」〔註109〕，「觀佛本願力，遇無空過者；能令速滿足，功德大寶海。」〔註110〕能知佛的本願力，一旦心開意解，就不是空過。此是天親菩薩作偈的眞實意，除了自己能往生外，也讓有緣眾生遇到這個特別法門，一同發願往生。故曇鸞接觸後，必與先前修學的佛法有不同的學思歷程和體悟，所以他也和天親菩薩一樣：「我作論說偈，願見彌陀佛；普共諸眾生，往生安樂國。」〔註111〕

總偈完後，接著作論，論中主要說明，偈中分爲五念門，以下便節錄論文，分別說之：

論曰：此願偈明何義？觀安樂世界，見阿彌陀佛，願生彼國土故。

云何觀？云何生信心？若善男子、善女人，修五念門成就者，畢竟

〔註105〕曇無讖譯：《大方等大集經》，頁4中。
〔註106〕婆藪槃豆菩薩造，三藏菩提流支譯：《無量壽經優波提舍》，頁230。
〔註107〕同上，頁230。
〔註108〕同上，頁230。
〔註109〕同上，頁230。
〔註110〕同上，頁230。
〔註111〕同上，頁230。

　　得生安樂國土，見彼阿彌陀佛。何等五念門？〔註112〕

　　天親菩薩所提出的五念門，曇鸞以作註分上、下二卷，更加以發揮其中念佛的要旨，甚而有更進一步的體會和認識，將念佛法門帶入他力的觀念，讓後代想要修持此法門的人，重燃信心和希望。因爲曇鸞看到天親菩薩說：

> 略說入一法句故。一法句者，謂清淨句。清淨句者，謂眞實智慧無爲法身故。此清淨有二種應知，何等二種？一者器世間清淨；二者衆生世間清淨。器世間清淨者，向說十七種佛國土功德莊嚴成就，是名器世間清淨。衆生世間清淨者，如向說八種佛功德莊嚴成就，四種菩薩功德莊嚴成就，是名衆生世間清淨。如是一法句，攝二種清淨應知。〔註113〕

　　能入一法句，置心一處，清淨自持，自然得蒙佛菩薩垂佑，因爲身心清淨故。天親菩薩又說：「無染清淨心、安清淨心、樂清淨心，此三種心略一處，成就妙樂勝眞心應知。」〔註114〕如此三種心，天親菩薩認爲，因「菩薩遠離如是三種菩提門相違法」〔註115〕，而「得三種隨順菩提門法滿足故。」〔註116〕依此「隨順菩提門法滿足故」便更加發揮「五種門漸次成就五種功德」〔註117〕，

〔註112〕婆藪槃豆菩薩造，三藏菩提流支譯：《無量壽經優波提舍》，頁231中。「一者禮拜門；二者讚歎門；三者作願門；四者觀察門；五者迴向門。云何禮拜？身業禮拜阿彌陀如來，應正遍知，爲生彼國意故。云何讚歎？口業讚歎，稱彼如來名，如彼如來光明智相，如彼名義，欲如實修行相應故。云何作願？心常作願，一心專念，畢竟往生安樂國土。欲如實修行奢摩他故。云何觀察？智慧觀察，正念觀彼，欲如實修行毘婆舍那故。彼觀察有三種，何等三種？一者觀察彼佛國土功德莊嚴；二者觀察阿彌陀佛功德莊嚴；三者觀察彼諸菩薩功德莊嚴。云何迴向？不捨一切苦惱衆生，心常作願迴向，爲首成就大悲心故。」

〔註113〕同上，頁232中。是故菩薩當「遠離三種菩提門相違法，何等三種？一者依智慧門不求自樂，遠離我心貪著自身故。二者依慈悲門，拔一切衆生苦，遠離無安衆生心故。三者依方便門，憐愍一切衆生心，遠離供養恭敬自身心故，是名遠離三種菩提門相違法故。」

〔註114〕同上，頁232下。「何等三種？一者無染清淨心，不以爲自身求諸樂故；二者安清淨心，以拔一切衆生苦；三者樂清淨心，以令一切衆生得大菩提故；以攝取衆生生彼國土故，是名三種隨順菩提門法滿足應知。」

〔註115〕婆藪槃豆菩薩造，三藏菩提流支譯：《無量壽經優波提舍》，頁232下。

〔註116〕同上，頁232下。

〔註117〕同上，頁233上。

此即「近門、大會眾門、宅門、屋門、園林遊戲地門」〔註118〕，其中前四種門「成就入功德」〔註119〕；後一門爲「成就出功德」〔註120〕，是故：「菩薩如是修五門行自利利他，速得成就阿耨多羅三藐三菩提故。」〔註121〕所以天親菩薩的五念門，仍以建立在自利利他菩薩行的基礎上說淨土法門的殊勝。印光大師對於天親菩薩所造的《往生論》則特別肯定，他說：「天親菩薩廣造諸論，宏闡佛乘，復宗《無量壽經》。作《願生偈論》，示五門修法，令畢竟得生。具顯禮拜、讚歎、作願、觀察、迴向之法，於觀察門，詳示淨土莊嚴。如來法力，菩薩功德，凡見聞者，悉願往生。」〔註122〕這是法師眞實體會天親菩薩作五念門的用心。接著我們看曇鸞大師又是如何在閱讀《往生論》的內容中，發現另一條路徑，而另開一扇註論的捷徑之窗。

研讀完天親菩薩的《往生論》，曇鸞大師才思敏捷，悟性高，他記起過去：「龍樹菩薩〈十住毘婆沙〉云：菩薩求阿毘跋致有二種道，一者難行道；二者易行道。」〔註123〕的問題，因爲難行道指的是全靠自力，曇鸞說：「難行道者，謂於五濁之世於無佛時求阿毘跋致爲難；此難乃有多途，粗言五三以示義意：一者外道相（修漿反），善亂菩薩法；二者聲聞自利障大慈悲；三者無顧惡人破他勝德；四者顛倒善果能壞梵行；五者唯是自力無他力持，如斯等事觸目皆是，譬如陸路步行則苦。」〔註124〕可見，只仗自力修行，在當時的時代，難度已經很高了，若工夫沒到，如何成就？這就是曇鸞在註

〔註118〕釋見杭：〈彌陀淨土往生行因之研究──以曇鸞、道綽、善導爲主〉，頁 65：「爲何世親菩薩（即天親菩薩）於五念門之後，還要論述五門行呢？根據溫宗堃所作研究《世親《淨土論》與曇鸞《淨土論註》之比較研究》一文所說，五門行與五念門所衍生的問題，目前學界仍未有合理的詮釋。但從經文的比對中發現，此兩者之間的差異在於五念門的教化行動。而五門行的迴向門，卻須迴入生死度化有情成就自利利他等事業。因此認爲，依世親菩薩的本意來說，五念門並不等同於五門行。」然，此意非也！筆者就《往生論》文中所言研判，所謂「五門行」應該指的是五念門的種種行持法，本來行持，便要以自利利他爲最終依循，如此方能符合阿彌陀佛最初所發的願力；天親菩薩並非言「五念門」與「五門行」有何不同之處，此兩者是一致的，即心與行合一，蓋行持是一心非二心也。

〔註119〕同上，頁 233 上。
〔註120〕同上，頁 233 上。
〔註121〕同上，頁 233 上。
〔註122〕釋曇鸞：《往生論註》，頁 1～2。
〔註123〕釋曇鸞：《無量壽經優婆提舍願生偈註》，頁 826 上。
〔註124〕同上，頁 826 上。

《大集經》時所遇到的最大難題——過不了病魔關，最後只好被迫暫停註經；然修行一旦中斷，一切都要重頭再來的！或許當他一聽到菩提流支說佛法中有解脫生死的大仙方時，立刻接受；曇鸞「悲欣交集」〔註125〕，心開意解，他心想，居然還有這麼一個「易行道」，可仰仗佛力（他力）的加持而讓人解脫生死。曇鸞認為：「易行道者，謂但以信佛因緣願生淨土，乘佛願力便得往生彼清淨土，佛力住持即入大乘正定之聚，正定即是阿毘跋致。譬如水路乘船則樂，此《無量壽經優婆提舍》蓋上衍之極致，不退之風航者也。」〔註126〕這是既簡單又易學的方便法門——只要一心念佛，信願往生，就可以萬修萬人去的；且又是快捷地——往生極樂國，還是一念頃去的；但是就這一點而言，世間人最難相信，因為世間人認為成佛那有那麼容易！其實，只要有這樣想法的人，想的都是自力上的問題，當然就很少有人注意到他力的殊勝利益了。這是世人就著自我意識的想法，非真的契悟到自力的真髓；因為極樂世界所具備的自力條件《佛說阿彌陀經》中說：「不可以少善根、福德、因緣，得生彼國。」〔註127〕而《佛說阿彌陀經》所講的「善根、福德、因緣」〔註128〕，也就是《觀無量壽佛經》裡所提到的淨業三福：「欲生彼國者，當修三福：一者、孝養父母，奉事師長，慈心不殺，修十善業；

〔註125〕弘一大師等：《弘公道風》，（臺南：法緻文化事業社，2006年12月），頁134。

〔註126〕釋曇鸞：《無量壽經優婆提舍願生偈註》，頁826上。

〔註127〕鳩摩羅什譯：《佛說阿彌陀經》，（台北：中華電子佛典協會（CBETA）依大正新脩大藏經第12冊，2006年5月），頁347上。

〔註128〕龍樹菩薩：《十住毘婆沙論》，（台北：新文豐出版，1994年4月）頁1～100。龍樹菩薩的《十住毘婆沙論》對善根、福德、因緣有詳細的解釋，其內容如下：一、善根者：入初地品第二言：厚種善根者，如法修集諸功德，名為厚種善根。善根者，不貪、不恚、不癡，一切善法從此三生，故名為善根。如一切惡法皆從貪恚癡生，是故此三名不善根。釋願品第五言：諸佛及諸菩薩，以無量無邊方便力引導眾生。法轉者，以無量無邊善根福德攝取諸佛法。二、福德者：易行品第九言：若人命終時，得生彼國者，即具無量德。是故我歸命，人能念是佛，無量力威德。又言：我於今先世，福德若大小，願我於佛所，心常得清淨。以此福因緣，所獲上妙德，願諸眾生類，皆亦悉當得。三、因緣者：發菩提心品第六：眾生初發菩提心，或以三因緣，或以四因緣，如是和合有七因緣，發阿耨多羅三藐三菩提心。問曰：何等為七？答曰：一者諸如來，令發菩提心。二見法欲壞，守護故發心。三於眾生中，大悲而發心。四或有菩薩，教發菩提心。五見菩薩行，亦隨而發心。或因布施已，而發菩提心。或見佛身相，歡喜而發心。以是七因緣，而發菩提心。佛令發心者，佛以佛眼觀眾生。知其善根淳熟堪任能得阿耨多羅三藐三菩提……由上文可知，唯有「厚種善根」、「善根淳熟」者，方為具足自力之最初條件。

二者、受持三歸，具足眾戒，不犯威儀；三者、發菩提心，深信因果，讀誦大乘，勸進行者。如此三事，名為淨業。佛告韋提希：『汝今知不？此三種業，乃是過去、未來、現在、三世諸佛，淨業正因。」〔註129〕這淨業正因，指的就是已具足佛所說的「自力」，唯有具足這三種資糧的人，才符合佛給眾生自力的基本條件，也才能與彌陀的願力（他力）相契、相感，然後蒙佛接引，往生極樂世界。

甚且，這也是曇鸞對彌陀自力與他力，已然覺察出佛的本願而了然於心的智慧：「由上可見，曇鸞大師結合了世親菩薩的唯識思想和龍樹菩薩的思想，再以其個人之獨到見地撰著了《往生論註》。」〔註130〕

第三節　曇鸞之淨土思想

一、格義佛教與曇鸞

格義佛教產生的背景，是在佛學傳入漢地的初期，佛教與黃老神仙道術一起被相提並論，當時的佛教擺脫不了祈福消災的信仰性格。這個問題一直到東漢末年，蒼梧太守牟融作《理惑論》，才發覺佛與道術有別，可謂是首開調和儒道佛三家的先驅者，而弘揚佛法的人，為了讓佛法也能夠被中國人接受，於是當時講解佛典的方法，就借用儒道兩家的辭語來解釋佛學義理，如以「無為」解釋「涅槃」、以「五常」擬配「五戒」等。如此，所謂「格」就是量度，「義」就是經文正義，故名之為「格義」。

西晉時，正值玄學興盛；學佛者正致力於佛典的研究，而其中研究最盛者，為般若學之空義思想，這可說與當時的玄學思想非常接近。蔡仁厚先生在《中國哲學史大綱》中說：

> 佛教傳入中國，最初只依附神仙方技，活動於宮廷民間。至魏晉玄學興起，成為接引佛教教理之津梁，佛學乃漸次進入中國士人之心靈。於是出現「格義」，以中國之思想（老莊易理）比擬配合，以說般若性空之義。〔註131〕

〔註129〕畺良耶舍譯：《佛說觀無量壽佛經》，（台北：中華電子佛典協會（CBETA）依大正新脩大藏經第 12 冊，2008 年 11 月），頁 340 上。
〔註130〕釋見杭：〈彌陀淨土往生行因之研究——以曇鸞、道綽、善導為主〉，頁 28。
〔註131〕蔡仁厚：《中國哲學史大綱》，（台北：台灣學生書局，1988 年），頁 129。

　　而般若空慧透過老莊格義玄理，爲使佛學中國化奠訂基礎。尤其竺法雅、支遁、道安、慧遠的相繼推陳出新，才會產生六家七宗的佛教，即：本無、本無異、識含、緣會、即色、幻化、心無等宗。佛教透過六家七宗才使得上層知識界的名流學者們聞風歸向，這在中國佛學發展史上之貢獻是不容忽視的。其後佛學界再對六家七宗加以評述，甚至透過僧肇大師的「肇論」來加以觀照，這是值得後人在學術研究上應該加倍重視的事實，由此才可以看出龍樹中觀思想的眞意，進而開展出隋唐的大乘佛學。曇鸞生處這樣一個空慧與無爲相互交融的氛圍裡，也同樣受著格義佛教的薰習和洗禮，其發心所註解的經論，就必然留有「格義」的影子在。

　　曇鸞註經論受「格義」之影響在《往生論註》裡，即可看到，曇鸞爲了舉出實證，卷下的註文裡，有些段落，出現的思想，亦或《莊子》書內如同〈齊物論〉似的辯證句子如：

> 無知故能無不知，是故一切種智即眞實智慧也。以眞實而目智慧，明智慧非作非非作也，以無爲而標法身，明法身非色非非色也。非於非者，豈非非之能是乎？蓋無非之曰是也，自是無待復非是也。非是非非，百非之所不喻，是故言清淨句。清淨句者謂眞實智慧無爲法身也。〔註132〕

《往生論註》內甚至也放入先秦諸子書爲例句，如：「探湯」（《論語》）、「在水不瀾，在火不燋。」、「椿柘榆柳」、「火從木出，火不得離木也。以不離木故，則能燒木」、「蟪蛄不識春秋，伊蟲豈知朱陽之節乎？」（《莊子》）等。

　　此外，《略論安樂淨土義》這裡有莊子作夢的話：「亦如夢中與他解夢，雖云解夢，非是不夢。」將夢換作知佛智，便有：「以知取佛，不曰知佛。以不知取佛，非知佛。以非知非不知取佛，亦非知佛。以非非知非非不知取佛，亦非知佛。佛智離此四句，緣之者心行滅，損之者言語斷。」這也是《莊子・齊物論》中常見的句子，是一個層次被另一個高一層次上的說法所否定的句子。

　　在《讚阿彌陀佛偈》中，筆者也發現偈頌出現如：「虛無之身無極體」、「神力無極阿彌陀」、「聖主世尊說法時，故我運想禮講堂」、「無極寶網覆其上」、「頭面頂禮無極尊」等一些似與道家有關的字句，這也許是曇鸞以「格義」的慣用語，但也可能是他個人內在對佛法的深切體悟，而自然生出的讚語吧！

〔註132〕釋曇鸞：《無量壽經優婆提舍願生偈註》，頁 841 中。

從曇鸞的三本著作中，很明顯地可以看出，雖談及佛理仍不免滲著些儒道等的詞句，這是當時的格義佛教文化，但還不至於妨礙對佛法的詮釋。

二、易行道

曇鸞能在龍樹菩薩《十住毘婆沙》中立刻覺察到「難行道」、「易行道」；「自力」、「他力」之異，而獨取「易行道」、「他力」為淨土行門的重要關鍵，如此獨具慧眼的辨識基礎，應當與融會空宗教理有關。曇鸞在《無量壽經優婆提舍願生偈註》〔註133〕未註經文前，其開端即先說明他對龍樹菩薩在《十住毘婆沙·易行品》中所提出的難行道與易行道，竟帶給他對淨土法門有不同的體會：

> 謹案龍樹菩薩《十住毘婆沙》云：菩薩求阿毘跋致有二種道，一者難行道；二者易行道。難行道者，謂於五濁之世於無佛時求阿毘跋致為難；此難乃有多途，粗言五三以示義意：一者外道相（修漿反），善亂菩薩法；二者聲聞自利障大慈悲；三者無顧惡人破他勝德；四者顛倒善果能壞梵行；五者唯是自力無他力持，如斯等事觸目皆是，譬如陸路步行則苦。易行道者，謂但以信佛因緣願生淨土，乘佛願力便得往生彼清淨土，佛力住持即入大乘正定之聚，正定即是阿毘跋致。譬如水路，乘船則樂，此《無量壽經優婆提舍》蓋上衍之極致，不退之風航者也。

「龍樹菩薩《十住毘婆沙》云：菩薩求阿毘跋致有二種道，一者難行道；二者易行道。」曇鸞說：「難行道者，謂於五濁之世於無佛時求阿毘跋致為難；此難乃有多途，粗言五三以示義意：一者外道相（修漿反），善亂菩薩法；二者聲聞自利障大慈悲；三者無顧惡人破他勝德；四者顛倒善果能壞梵行；五者唯是自力無他力持，如斯等事觸目皆是，譬如陸路步行則苦。」〔註134〕龍樹菩薩所提出的難行、易行二道，曇鸞的看法相異於龍樹菩薩。對於「難行道」曇鸞認為生於五濁惡世，無佛出世時，求阿毘跋致為難，且有外道亂善、聲聞自利、無顧惡人、顛倒善果、唯是自力，五個難行的原因，也正是一般眾生修行時會遇到的障礙。當然曇鸞所處的時代背景和龍樹菩薩不同，其地

〔註133〕釋曇鸞：《無量壽經優婆提舍願生偈註》，頁826上。
〔註134〕同上，頁826上。

緣也不一樣，時節因緣的不同，則所認同的態度、定義及修行的方法、稱念對象、現生不退與彼土不退的看法〔註135〕，亦時有所異。

　　曇鸞認為：「易行道者，謂但以信佛因緣願生淨土，乘佛願力便得往生彼清淨土，佛力住持即入大乘正定之聚，正定即是阿毘跋致。譬如水路，乘船則樂，此《無量壽經優婆提舍》蓋上衍之極致，不退之風航者也。」〔註136〕曇鸞對「易行道」的譬喻非常之貼切，易行道如水路，乘船則樂，眾生只要信願堅固，願生淨土，便得「佛願力住持」，這是曇鸞首推「易行道」為「上衍之極致」──大乘的最高法味。曇鸞對「易行道」的深切體認，其異於常人的見解，釋見杭法師說：「曇鸞大師對於難易二道之判攝，雖是起於龍樹菩薩思想之啟迪，然而，比起龍樹菩薩之論點，曇鸞大師對念佛法門之掌握更加具體、明確而深刻。」〔註137〕故曇鸞於淨土直取「易行道」之說，對後代之影響相當深遠。

三、《讚阿彌陀佛偈》與彌陀他力本願

　　曇鸞的《往生論註》不斷地在提醒，阿彌陀佛為眾生所發願的真實心〔註138〕，阿彌陀佛所發的願：「譬如淨摩尼珠置之濁水，水即清淨，若人雖有無量生死之罪濁，聞彼阿彌陀如來，至極無生清淨寶珠名號，投之濁心。念念之中罪滅心淨，即得往生。」〔註139〕這段話道出了「自力」、「他力」之異，

〔註135〕釋見杭：〈彌陀淨土往生行因之研究──以曇鸞、道綽、善導為主〉，頁47～～49。
〔註136〕釋曇鸞：《無量壽經優婆提舍願生偈註》，頁826上。
〔註137〕釋見杭：〈彌陀淨土往生行因之研究──以曇鸞、道綽、善導為主〉，頁47。
〔註138〕釋曇鸞：《無量壽經優婆提舍願生偈註》下卷，頁840上。如：「願言：設我得佛，十方眾生，至心信樂，欲生我國，乃至十念。若不得生者，不取正覺。唯除五逆誹謗正法。緣佛願力故，十念念佛便得往生。得往生故，即免三界輪轉之事。無輪轉故，所以得速。一證也。願言：設我得佛，國中人天不住正定聚，必至滅度者不取正覺。緣佛願力故，住正定聚。住正定聚故，必至滅度，無諸迴伏之難，所以得速。二證也。願言：設我得佛，他方佛土諸菩薩眾，來生我國，究竟必至一生補處。除其本願，自在所化。為眾生故，被弘誓鎧積累德本，度脫一切遊諸佛國，修菩薩行，供養十方諸佛如來，開化恒沙無量眾生，使立無上正真之道，超出常倫諸地之行現前，修習普賢之德，若不爾者不取正覺。緣佛願力，故超出常倫諸地之行現前，修習普賢之德，以超出常倫諸地行故，所以得速，三證也。以斯而推他力，為增上緣，得不然乎！」
〔註139〕釋曇鸞：《無量壽經優婆提舍願生偈註》，頁838下。

生在五濁惡世的眾生，欣逢如淨摩尼珠寶的「阿彌陀佛」名號，自是不必擔心，深陷在濁惡世界中，是否已無法被救度的困境。

關於莫忽視他力的存在，曇鸞在註文中曾舉出例證：「當復引例示，自力他力，相如人畏三塗，故受持禁戒；受持禁戒，故能修禪定；以禪定故，修習神通；以神通故，能遊四天下，如是等名爲自力。又如劣夫，跨驢不上；從轉輪王行，便乘虛空，遊四天下，無所障礙，如是等名爲他力。愚哉！後之學者聞他力可乘，當生信心，勿自局分也。」〔註140〕曇鸞已能看出極樂淨土之能仰仗他力，讓眾生明白永斷生死煩惱之苦，是指日可待的。所以曇鸞說：「彼淨土從正道大慈悲出世善根生」〔註141〕若眾生：「能生眞實淨信，必定得生彼安樂佛土。」〔註142〕

「夫須彌之入芥子，毛孔之納大海。豈山海之神乎？毛芥之力乎？能神者神之耳。」〔註143〕然爲何「能神者神之耳」呢？能有如此神妙，也不是憑空得來的，而是：「依本法藏菩薩四十八願，今日阿彌陀如來自在神力。願以成力，力以就願。願不徒然，力不虛設。力願相符，畢竟不差，故曰成就。」〔註144〕這就是倚靠阿彌陀如來的大慈悲，對眾生所發出的四十八願力，藉此自在神力而得成就的。在註文中，曇鸞也隨時摘錄出阿彌陀佛爲何發四十八願時的用心良苦，其處處皆是爲利他（眾生）而設，眾生獲得他（佛）力協助時，其心是踴躍歡喜，無以言喻的：

> 謂應知由利他故，則能自利，非是不能利他，而能自利也。菩薩如是修五念門，行自利利他，速得成就阿耨多羅三藐三菩提故。〔註145〕
>
> 論言：修五門行，以自利利他成就故。然覈求其本，阿彌陀如來爲增上緣，他利之與利他談有左右，若自佛而言，宜言利他；自眾生而言，宜言他利。今將談佛力，是故以利他言之，當知此意也。凡是生彼淨土及彼菩薩人天，所起諸行，皆緣阿彌陀如來本願力故。何以言之？若非佛力，四十八願便是徒設。〔註146〕

〔註140〕釋曇鸞：《無量壽經優婆提舍願生偈註》，頁 843 下。
〔註141〕同上，頁 838 下。
〔註142〕同上，頁 838 下。
〔註143〕同上，頁 838 下。
〔註144〕同上，頁 840 上。
〔註145〕同上，頁 843 下。
〔註146〕同上，頁 843 下。

　　受持「阿彌陀佛」這帖阿伽陀藥，萬病總醫，能消八十億劫生死之罪，能得清淨心而往生。只怕是：「夫非常之言，不入常人之耳。」〔註147〕，若一生值遇，又能「如實修行」，往生必成，故曇鸞明白成佛之路不遠矣！印光大師讚歎道：「曇鸞法師撰註詳釋，直將彌陀誓願，天親衷懷，徹底圓彰，和盤托出，若非深得佛心，具無礙辯，何克臻此。」〔註148〕此無疑非具備相當之悟性、智慧觀照力及洞察力不可，然而曇鸞都具備了。

　　藉此，曇鸞作了《讚阿彌陀佛偈》，以此恭敬身，至誠頂禮佛。爲何頂禮？這是一位修行者行門工夫的展現，曇鸞一定是感受到佛光不可量、一切無礙，謹以至誠懇切的感恩心，由衷領受他力——佛光注照的充實圓滿，所以讚頌阿彌陀佛的無量光、無量壽、無量智慧。

　　《讚阿彌陀佛偈》的前十五拜中，前二拜說明何以禮佛之因，然後接著是十二拜，這十二拜是讚偈之中最重要的中心思想，十二拜即是《佛說無量壽經》裡說的無量壽佛出了十二種光的名稱。這十二光名，也稱十二光佛，總之都是無量壽佛的名號，每一光佛都作了一個偈子。《佛說無量壽經》經文是這麼提到：

> 佛告阿難：無量壽佛，威神光明最尊第一，諸佛光明所不能及。或有佛光照百佛世界、或千佛世界，取要言之，乃照東方恒沙佛剎，南、西、北方，四維上下，亦復如是。或有佛光，照于七尺，或照一由旬，二、三、四、五由旬，如是轉倍，乃至照一佛剎。是故，無量壽佛，號無量光佛、無邊光佛、無礙光佛、無對光佛、炎王光佛、清淨光佛、歡喜光佛、智慧光佛、不斷光佛、難思光佛、無稱光佛、超日月光佛。其有眾生，遇斯光者，三垢消滅，身意柔軟，歡喜踊躍，善心生焉。若在三塗勤苦之處，見此光明，皆得休息，無復苦惱；壽終之後，皆蒙解脫。〔註149〕

　　這十二光名：「其有眾生，遇斯光者，三垢消滅，身意柔軟，歡喜踊躍，善心生焉。若在三塗勤苦之處，見此光明，皆得休息，無復苦惱；壽終之後，皆蒙解脫。無量壽佛光明顯赫，照曜十方諸佛國土，莫不聞知。不但我今稱

〔註147〕釋曇鸞：《無量壽經優婆提舍願生偈註》，頁840上。
〔註148〕釋曇鸞：《往生論註》，頁1。
〔註149〕康僧鎧譯：《佛說無量壽經》，（台北：中華電子佛典協會（CBETA）依《大正新脩大藏經》第12冊，2011年2月）），頁269下。

其光明，一切諸佛、聲聞、緣覺、諸菩薩眾，咸共歎譽，亦復如是。若有眾生，聞其光明，威神功德，日夜稱說，至心不斷，隨意所願，得生其國。」〔註150〕

　　由此可知，曇鸞對彌陀的十二光名特別有感受，於是謹以十二偈，讚頌佛光之殊勝難量，又以稽首頂禮的行止，至心歸命阿彌陀佛。以下便根據曇鸞《讚阿彌陀佛偈》中對十二光名的偈文內容逐一介紹，並依讚偈、《往生論註》文中對十二光名的解說再作整理，希望透過這些解說能深得曇鸞對十二光名偈文的旨趣：

　　第一光名：「智慧光明不可量，故佛又號無量光；有量諸相蒙光曉，是故稽首真實明。」〔註151〕四句話深有意趣。曇鸞這個讚，已指出光明的殊勝體性，我們不要把光明只看成是事相，應知光明就是智慧之顯相，智慧跟光明是不二的。極樂的一切皆妙用，但唯有光明的妙用無窮。佛是覺性圓滿，所以一切無礙。偈稱佛號無量光，是不可量真實明的，所以在極樂的依報、正報是純一真實。

　　一個眾生要是遇見彌陀如來的光，他意業上的種種纏縛當下都可解脫，如此「有量諸相蒙光曉」即意謂：「畢竟得平等意業」〔註152〕。即是得到如來究竟的平等意業，也就是己心與佛，心心相印了，這就是遇見佛光所得的利益。所以曇鸞最後要以最至誠的恭敬心「是故稽首真實明」，向佛光頂禮了。

　　第二光名：「解脫光輪無限齊，故佛又號無邊光；蒙光觸者離有無，是故稽首平等覺。」〔註153〕「限」即局限，「齊」是同樣，合為「無限齊」，既沒有局限故稱為「無邊」。「無邊」乃是顯示佛光普照、廣大無邊的意思。又曇鸞高出一著，把「邊」字解成「二邊」、「邊見」的邊，曇鸞再用解脫來註解無邊，這比其餘的人都殊勝。解脫是涅槃三德（法身德、解脫德、般若德）之一，所以曇鸞用十二光中解脫光來顯明「無邊光」的深義。一切不二，契合中道，究竟解脫，所以稱為解脫光。這便是無邊光的殊勝本意。凡能蒙受此光照觸的人自然離開有無等邊，而得到解脫的真實利益，所以曇鸞再以最至誠的恭敬心頂禮無量壽佛——平等覺。

〔註150〕康僧鎧譯：《佛說無量壽經》，頁 269 下。
〔註151〕釋曇鸞：《讚阿彌陀佛偈》，頁 420 下。
〔註152〕釋曇鸞：《無量壽經優婆提舍願生偈註》，頁 839 中。
〔註153〕釋曇鸞：《讚阿彌陀佛偈》，頁 420 下。

第三光名：「光雲無礙如虛空，故佛又號無礙光；一切有礙蒙光澤，是故頂禮難思議。」〔註154〕「無礙」是自在無礙的意思。釋尊說：「我為法王，於法自在。」世間最無礙的是虛空，沒有任何障礙，所以佛光又號為「無礙光」。有礙的苦難眾生，若能蒙受佛光的照臨、恩澤，消除障礙，足證佛的悲心願力、佛光的妙用，不可思議，所以應該頂禮。

第四光名：「清淨光明無有對，故佛又號無對光；遇斯光者業繫除，是故稽首畢竟依。」〔註155〕此依唐宋兩譯，魏譯是「無對光」，「對」是對比；「等」是等同，佛的清淨的光明，沒有任何其他光明可以相等和對比的，所以稱為無對光。這些道理只有自己身體力行，真實用功，真參實究，如所謂：「從門入者，不是家珍」〔註156〕。所以無等光，沒有對待，正顯本經的真實之際。

第五光名：「佛光照耀最第一，故佛又號光炎王；三塗黑闇蒙光啟，是故頂禮大應供。」〔註157〕「佛光照耀最第一」，正顯出彌陀光明是光中極尊、光中之王。之所以稱王，就在於最難救拔最極痛苦的三惡道眾生，因蒙光啟發，而離苦得樂，成就菩提。此「光炎王」依《宋譯》，此光用安穩為名，在《魏譯》中是「炎王光」，曇鸞偈中是「光炎王」，《唐譯》是「光照王」。《宋譯》之「安穩光」，既寂靜又妙常，是寂而常照；既妙常又寂靜，是照而常寂，正指常寂光。常寂光是法身彌陀的妙德，所以能令三途眾生蒙光離苦，向道眾生因光成佛。

第六光名：「道光明朗色超絕，故佛又號清淨光；一蒙光照罪垢除，皆得解脫故頂禮。」〔註158〕道而生的光，妙色超絕，超過一切世間，所以稱為「清淨光」。《往生論》說：「極樂世界三種莊嚴入一法句」〔註159〕，一法句是什麼？清淨句。清淨句就是真實智慧無為法身，所以這清淨光就是無為的佛法身，也正是我們的自心，自心才能有如是不可思議的妙用。

〔註154〕釋曇鸞：《讚阿彌陀佛偈》，頁 421 上。

〔註155〕同上，頁 421 上。

〔註156〕雪峰真覺禪師：《雪峰真覺禪師語錄》2 卷，（台北：《佛光大辭典・禪宗全書》，第 39 冊，1988 年 12 月），科註第 864 頁第 2 行：德山打一棒曰：「道甚麼？我當時如桶底脫相似。」頭喝曰：「你不聞：道從門入者，不是家珍。」師曰：「他後如何即是？」頭曰：「他後若欲播揚大教，一一從自己胸襟流出，將來與我蓋天蓋地去。」師於言下大悟。

〔註157〕釋曇鸞：《讚阿彌陀佛偈》，頁 421 上。

〔註158〕同上，頁 421 上。

〔註159〕婆藪槃豆菩薩造，三藏菩提流支譯：《無量壽經優波提舍》，頁 232 中：此三種成就願心莊嚴，略說入一法句故。一法句者，謂清淨句；清淨句者，謂真實智慧無為法身故。

　　第七光名：「慈光遐被施安樂，故佛又號歡喜光；光所至處得法喜，稽首頂禮大安慰。」〔註160〕遐，是遠，是廣。佛光能普遍照到無極的遠方，把安樂普施一切眾生，使眾生得到安樂而皆大歡喜，所以又號歡喜光。

　　第八光名：「佛光能破無明闇，故佛又號智慧光；一切諸佛三乘眾，咸共歎譽故稽首。」〔註161〕佛光能破除眾生根本無明心垢，給眾生真實之利益，所以稱為智慧光。唐高麗大德憬興說：「光從佛無癡善根心起，復除眾生無明品心，故智慧。」〔註162〕佛光具有消除眾生根本無明的妙用，真能給眾生真實之利。

　　第九光名：「光明一切時普照，故佛又號不斷光；聞光力故心不斷，皆得往生故頂禮。」〔註163〕此依《宋譯》，而《魏譯》是「不斷光」。淨影師說：「常照不絕，名不斷光。」〔註164〕足證《宋譯》的常照光就是《魏譯》的不斷光。阿彌陀佛妙光普照，妙用常存。

　　第十光名：「其光除佛莫能測，故佛又號難思光；十方諸佛歎往生，稱其功德故稽首。」〔註165〕這個光除了佛之外，一切大菩薩莫能測，不能宣說，所以稱為「難思光」。這個光，即是唐宋兩譯的「不思議光」，不思議就是不可思議（是佛教術語，可以指佛的智慧與神通不可思議）。因為這是一切世間難信之法，所以眾生若能生信心，只要念一個佛名，一切佛就護念。大勢至菩薩首先護念，阿彌陀佛派二十五位菩薩來護持你。《彌陀要解》中蕅益大師說：「行人信願持名，全攝佛功德成自功德，故亦曰阿彌陀佛不可思議功德之利。」〔註166〕佛的功德全部攝入成為自身功德，自己就具有彌陀的功德，所以說念佛時即成佛時，這正是不可思議之功德之利。

　　第十一光名：「神光離相不可名，故佛又號無稱光；因光成佛光赫然，諸

〔註160〕釋曇鸞：《讚阿彌陀佛偈》，頁 421 上。
〔註161〕同上，頁 421 上。
〔註162〕淨空法師講：《淨土大經科註》287 集〈無等光佛〉依唐宋譯，（澳洲：淨宗學院 2011 年 9 月），頁 632：淨影曰：「於法善照，名智慧光。」憬興曰：「光從佛無癡善根心起。復除眾生無明品心，故智慧。」又曇師讚云：「佛光能破無明闇，故佛又號智慧光。」
〔註163〕釋曇鸞：《讚阿彌陀佛偈》，頁 421 上。
〔註164〕淨空法師講：《大乘無量壽經解──第 406 面，第 6 行》，（《淨土大經解演義》，2010 年 4 月），第 349 集：「常照光，見《宋譯》，常寂光中，寂而常照，故名常照光。《魏譯》為不斷光，淨影曰：常照不絕，名不斷光。」
〔註165〕釋曇鸞：《讚阿彌陀佛偈》，頁 421 中。
〔註166〕釋蕅益：《佛說阿彌陀經要解》，（高雄：市淨宗學會，2003 年 11 月），頁 15。

佛所歎故頂禮。」〔註167〕見《宋譯》，《魏譯》只有「無稱光」。光若離開一切相，正顯即相離相，當相即道。曇鸞說：因光成佛不需要除去一切事才是眞，事就是眞。這同《首楞嚴經》「一切事而究竟」〔註168〕堅固。

　　第十二光名：「光明照耀過日月，故佛號超日月光；釋迦佛歎尚不盡，故我稽首無等等。」〔註169〕《超日明三昧經》：「超日明三昧所以勝者何？殊照十方無邊無際三界五道，靡不徹暢。」〔註170〕對於欲界、色界、無色界和六道有情，都能徹照，令明本心。超日明三昧尚且如此，則彌陀光明超越一切，具足一切三昧，故佛光即號超日月光。

　　十二光名禮拜完後，緊接著第十五拜是一大段落，內容以諸菩薩讚頌及「普爲師僧父母及善知識法界眾生，斷除三障，同得往生阿彌陀佛國，歸命懺悔。」同發願、同懺悔爲主，故《讚阿彌陀佛偈》到此作爲第一階段的禮拜觀想；之後的三十七拜，七言句偈，長短不一，每一句偈都不離《無量壽經》經文裡的內容，而每一偈頌，其最後一句幾乎出現如：「稽首、頂禮、頭面禮、稽首頂禮、禮講堂、稽首禮」等等至誠恭敬禮佛的字眼，其中較特別的是，曇鸞也將龍樹菩薩入此偈頌中禮拜，偈頌曰：

> 本師龍樹摩訶薩，誕形像始理頹綱，關閉邪扇開正轍；是閻浮提一切眼，伏承尊悟歡喜地，歸阿彌陀生安樂。
>
> 譬如龍動雲必隨，閻浮提放百卉舒；南無慈悲龍樹尊，至心歸命頭面禮。〔註171〕

　　曇鸞認爲龍樹菩薩已經生在安樂淨土，自己又非常景仰、崇敬龍樹菩薩，曇鸞視龍樹菩薩爲本師，作爲自己學佛的依止師，其意義非凡。這應該是曇鸞初出家時，即已知道淨土法門，只是當時年輕未生大病來考驗，所以對淨土法門比較陌生；等到他染患疾症後，卻因龍樹菩薩的感應讓曇鸞遇到菩提流支時，當下改變了一生學佛的命運吧！所以他的感受特別深刻。

〔註167〕釋曇鸞：《讚阿彌陀佛偈》，頁 421 中。

〔註168〕般刺蜜帝譯：《大佛頂如來密因修證了義諸菩薩萬行首楞嚴經》，（台北：中華電子佛典協會（CBETA）依《大正新脩大藏經》第 19 冊，2011 年 2 月）），頁 105 下。

〔註169〕釋曇鸞：《讚阿彌陀佛偈》，頁 421 中。

〔註170〕聶承遠譯，《佛說超日明三昧經》，（台北：中華電子佛典協會（CBETA）依《大正新脩大藏經》第 15 冊，2004 年 3 月），頁 540 下。

〔註171〕釋曇鸞：《讚阿彌陀佛偈》，頁 424 上。

　　最後，又再回到以諸菩薩讚頌及「普爲師僧父母及善知識法界眾生，斷除三障，同得往生阿彌陀佛國，歸命懺悔。」同發願、同懺悔作結，如此《讚阿彌陀佛偈》稽首頂禮佛的過程才告結束。

　　另外有兩段偈頌也很重要，值得一提，這兩段偈頌是相連著的，被安排在第二大段落：「南無至心歸命禮西方阿彌陀佛；哀愍覆護我，令法種增長；此世及後生，願佛常攝受，願共諸眾生，往生安樂國。」之前，兩段偈頌是在祈願，佛光無礙，願常攝受，並迴向眾生無障礙往生。然後再以「我歸阿彌陀淨土，即是歸命諸佛國；我以一心讚一佛，願遍十方無礙人。」說明禮讚一佛，即是已禮遍十方諸佛，這個道理就像華嚴經上說的：「一即一切，一切即一。」〔註172〕。兩段偈頌全文如下：

南無至心歸命禮西方阿彌陀佛

我從無始循三界　　　爲虛妄輪所迴轉

一念一時所造業　　　足繫大地滯三塗

唯願慈光護念我　　　令我不失菩提心

我讚佛慧功德音　　　願聞十方諸有緣

欲得往生安樂者　　　普皆如意無障礙

所有功德若大少　　　迴施一切共往生

南無不可思議光　　　一心歸命稽首禮

願共諸眾生往生安樂國

南無至心歸命禮西方阿彌陀佛

十方三世無量慧　　　同乘一如號正覺

二智圓滿道平等　　　攝化隨緣故若干

我歸阿彌陀淨土　　　即是歸命諸佛國

我以一心讚一佛　　　願遍十方無礙人

如是十方無量佛　　　咸各至心頭面禮

願共諸眾生往生安樂國

〔註172〕智儼述：《大方廣佛華嚴經搜玄分齊通智方軌》，（台北：中華電子佛典協會（CBETA）依《大正新脩大藏經》第35冊，2004年1月），頁15上：「意如攝論，次解第十八菩薩眾說偈歎佛。此唯列普賢不列餘名者，此形居道位，德標普門。彰一即一切，一切即一故也。」。

　　看完偈頌，實在令人不禁猶然升起至誠虔敬的感恩心，佛給眾生太大方便了，「我歸阿彌陀淨土，即是歸命諸佛國；我以一心讚一佛，願遍十方無礙人。」禮佛有多種不同呈現，這是一顆與普賢十大願王「禮敬諸佛」同樣的心：「普賢菩薩，告善財言：善男子，言禮敬諸佛者，所有盡法界、虛空界，十方三世一切佛剎極微塵數諸佛世尊，我以普賢行願力故，起深信解，如對目前，悉以清淨身語意業，常修禮敬。一一佛所，皆現不可說不可說佛剎極微塵數身，一一身遍禮不可說不可說佛剎極微塵數佛，虛空界盡，我禮乃盡，而虛空界不可盡故，我此禮敬無有窮盡，如是乃至眾生界盡，眾生業盡，眾生煩惱盡，我禮乃盡。而眾生界，乃至煩惱無有盡故，我此禮敬無有窮盡，念念相續，無有間斷，身語意業無有疲厭。」〔註173〕，這就是「無盡禮」：「我此一拜，即是普賢行願，徧塵剎依正二報，乃至極小一毛孔、一微塵，悉皆現身。能禮之身無盡，所禮之佛亦無盡，是為普賢菩薩之禮。」〔註174〕所以至誠禮拜阿彌陀佛，十方諸佛皆護念、皆讚歎不已，這是很有智慧的安排。曾有人感覺淨土法門跟《金剛經》好像是兩回事。淨土中種種依報、正報、無量壽、無量光、泉池寶樹，其實都是自性的顯現，不是心外取法。所以先要有這樣根本的認識，才能真正信入淨土法門。又曇鸞大師在《往生論註》裏其發揮淨土宗玄旨，已非常透徹，亦毋庸置疑。

　　除此之外，筆者也發現偈頌中會出現如：「虛無之身無極體」、「神力無極阿彌陀」、「聖主世尊說法時，故我運想禮講堂」、「無極寶網覆其上」、「頭面頂禮無極尊」等一些似與道家有關的字句，這可能是曇鸞的慣用語，也可能是他個人內在對佛法的深切體悟，而自然生出的讚語吧！

　　賴賢宗說：

　　　　在中國，曇鸞首次大成了東亞佛教的淨土宗的基本理論，曇鸞的創
　　　　造性突破在於他力本願信仰論的建立，並以往相還相迴向深化了迴
　　　　向的理論，強調信心與持名念佛，曇鸞雖然強調易行道之他力本願，
　　　　但仍不偏廢觀想念佛。〔註175〕

〔註173〕罽賓國三藏般若奉詔譯：《大方廣佛華嚴經——入不思議解脫境界普賢行願品》，(台北：中華電子佛典協會（CBETA）依《大正新脩大藏經》第10冊，2004年3月)，頁844中。
〔註174〕慈舟法師講述：《行願品親聞記》：「行彌法界曰普，位鄰極聖曰賢，故曰普賢。有普賢行必有文殊智，有根本智知真空理，有差別智知妙有事，法身無邊，智亦無邊，以稱性之智，禮稱性之佛，依正轉成光明藏，故能禮所禮，俱無窮盡。」
〔註175〕賴賢宗：〈淨土信仰論之研究：世親、曇鸞與親鸞之迴向思想〉，(台北：佛學研究中心學報第四期1999年7月)，頁69～104。

　　曇鸞因研覽天親菩薩的《往生論》，體驗到解脫與最高真實，明白自力與他力將隨時代而轉變，深刻地瞭解《往生論》中的「稱彼如來名」靠他力的持名念佛；「迴向門」中所闡明的「往相迴向」和「還相迴向」，此二種迴向名皆為無上菩提，皆有著深刻的佛教詮釋學意涵，《讚阿彌陀佛偈》即是落實此精神之具體表現，此不只是深遠地影響中國修習淨土的要津，也同樣影響日本的淨土法門。

四、五念門之實踐

　　天親菩薩所提出的五念門是在《往生論》的總偈後作論，其一開始便介紹五念門行門之內意：

> 論曰：此願偈明何義？觀安樂世界，見阿彌陀佛，願生彼國土故。云何觀？云何生信心？若善男子、善女人，修五念門成就者，畢竟得生安樂國土，見彼阿彌陀佛。何等五念門？一者禮拜門；二者讚歎門；三者作願門；四者觀察門；五者迴向門。云何禮拜？身業禮拜阿彌陀如來應正遍知，為生國意故。云何讚歎？口業讚歎，稱彼如來名，如彼如來光明智相，如彼名義，欲如實修行相應故。云何作願？心常作願，一心專念，畢竟往生安樂國土，欲如實修行奢摩他故。云何觀察？智慧觀察，正念觀彼，欲如實修行，毘婆舍那故。彼觀察有三種，何等三種？一者觀察彼佛國土功德莊嚴；二者觀察阿彌陀佛功德莊嚴；三者觀察彼諸菩薩功德莊嚴。云何迴向？不捨一切苦惱眾生，心常作願迴向為首，成就大悲心故。〔註176〕

　　「五念門」是曇鸞倡導往生行因之實踐法，所以五念門就是修習淨土的五種方法，這五種方法主要是受天親菩薩的影響，但曇鸞更加以發揮其旨趣，是以曇鸞作《往生論註》分上、下二卷，更加以說明他對五念門的看法：

> 解論名目竟，偈中分為五念門。如下長行所釋；第一行四句相，含有三念門。上三句是禮拜讚歎門，下一句是作願門。第二行論主自述，我依佛經造論，與佛教相應，所服有宗，何故云此？為成優婆提舍名故。亦是成上三門，起下二門。所以次之說，從第三行，盡

二十四行，是觀察門。末後一行是迴向門。分偈章門竟。〔註177〕

《往生論註》卷下，曇鸞解說五念門的「門」字意：「門者，入出義也。如人得門，則入出無礙。前四念是入安樂淨土門；後一念是出慈悲教化門。」〔註178〕這是更明確解釋：「如人得門，則入出無礙。」障是一切修行人最難克服和突破的事，若前四門都能突破了，個人便能獲得自利；最後第五門的利他，也才算圓滿：「言此五種功德力，能生清淨佛土出沒自在也。」〔註179〕所以曇鸞說：「彼淨土從正道大慈悲出世善根生」〔註180〕若眾生：「能生眞實淨信必定得生彼安樂佛土」〔註181〕在註文中，曇鸞也隨時摘錄出阿彌陀佛為何發四十八願時的用心良苦，其處處皆是為利他（眾生）而設，眾生獲得他（佛）力協助時，其心是踴躍歡喜，無以言喻的：

> 論言：修五門行以自利利他成就故，然覈求其本，阿彌陀如來為增
> 上緣。他利之與利他談有左右，若自佛而言，宜言利他；自眾生而
> 言，宜言他利。今將談佛力，是故以利他言之，當知此意也。〔註182〕

以下就針對曇鸞依天親菩薩所論的五念門，曇鸞如何再分別加以解說，五種念佛行法：

一者禮拜門：「云何禮拜？身業禮拜阿彌陀如來，應正遍知。諸佛如來德有無量，德無量故，德號亦無量，若欲具談紙筆，不能載也。正遍知者，知一切諸法，實不壞相，不增不減。云何不壞？心行處滅，言語道過。諸法如涅槃相不動，故名正遍知。」〔註183〕是以身業禮拜佛，因為：「諸佛如來德有無量，德無量故，德號亦無量，若欲具談紙筆，不能載也。」天親菩薩《往生論》所云：「身業禮拜，阿彌陀如來，應正遍知，為生彼國意故。」曇鸞更加以說明，禮拜佛之所以至誠恭敬的眞實義。

〔註177〕釋曇鸞：《無量壽經優婆提舍願生偈註》，頁826上。

〔註178〕同上，頁835上。

〔註179〕同上，頁843上。

〔註180〕同上，頁838下。

〔註181〕同上，頁838下。

〔註182〕同上，頁843下。關於莫忽視他力的存在，曇鸞在註文中曾舉出例證：「當復引例示，自力他力，相如人畏三塗，故受持禁戒。受持禁戒故能修禪定；以禪定故，修習神通；以神通故，能遊四天下，如是等名為自力。又如劣夫，跨驢不上：從轉輪王行，便乘虛空遊四天下，無所障礙，如是等名為他力。愚哉！後之學者，聞他力可乘，當生信心，勿自局分也。」

〔註183〕同上，頁835上。

　　二者讚歎門：「云何讚歎？口業讚歎。讚者，讚揚也；歎者，歌歎也。」這是以口業讚歎阿彌陀的名號爲依歸，《往生論》云：「口業讚歎，稱彼如來名，如彼如來光明智相。如彼名義，欲如實修行相應故。」因爲「彼無礙光如來名號，能破眾生一切無明，能滿眾生一切志願。然有稱名憶念，而無明猶在，而不滿所願者。何者？由不如實修行，與名義不相應故也。云何爲不如實修行與名義不相應？謂不知如來是實相身，是爲物身。」〔註184〕曇鸞對於稱佛名號的眞實信心，實得自於龍樹菩薩對念佛的信度：「是故新發意菩薩，應以十號妙相念佛，……初時隨先所念佛見其色像，見是像已，後若遇見他方諸佛，隨所念方，得見諸佛無所障礙。」

　　這是因爲念佛名號能除去有相的執著，而通達實相，澈見十方諸佛無所障礙。如果如實修行，《往生論註》卷下曰：「稱名憶念，而無明由在，而不滿所願者。何者？由不如實修行，與名義不相應故也。……又有三種不相應：一者信心不淳，若存若亡故；二者信心不一，無決定故；三者信心不相續餘念間故。」只要對佛信心眞淳，老實念，焉有不與佛相應之理。這是曇鸞繼而詮釋天親菩薩對名號相應說的理解，也因此讓他更進一步引申出「信心決定相續」的道理。這是往生淨土之必要條件：「後世淨土教義中以「信願行」爲往生淨土之三資糧。此中強調信心與稱念佛名之重要性，無庸置疑地，當以曇鸞大師爲始倡。」〔註185〕

　　三者作願門：「云何作願？心常作願，一心專念，畢竟往生安樂國土，欲如實修行奢摩他故。譯奢摩他曰：止。止者，止心一處，不作惡也。如椿柘榆柳，雖皆名木，若但云木，安得榆柳耶！奢摩他云止者，今有三義：一者，一心專念阿彌陀如來，願生彼土，此如來名號及彼國土名號，能止一切惡。二者，彼安樂土，過三界道。若人亦生彼國，自然止身口意惡。三者，阿彌陀如來正覺住持力，自然止求聲聞辟支佛心。此三種止，從如來如實功德生。是故言欲如實修行奢摩他故。」〔註186〕深信後必須發菩提願力，所以曇鸞說：「心常作願，一心專念，畢竟往生安樂國土，欲如實修行奢摩他故。」即是不夾雜他念，意同《往生論》所言而曇鸞再加以詳說。

　　四者觀察門：「云何觀察？智慧觀察，正念觀彼，欲如實修行毘婆舍那故。

〔註184〕釋曇鸞：《無量壽經優婆提舍願生偈註》，頁835中。
〔註185〕釋見杭：〈彌陀淨土往生行因之研究──以曇鸞、道綽、善導爲主〉，頁62。
〔註186〕釋曇鸞：《無量壽經優婆提舍願生偈註》，頁835下。

譯毘婆舍那曰：觀，彼觀察有三種：何等三種？一者，觀察彼佛國土莊嚴功德。二者，觀察阿彌陀佛莊嚴功德。三者，觀察彼諸菩薩莊嚴功德。心緣其事曰觀，觀心分明曰察。」〔註187〕這是如實修行於眼（心）觀，即智慧觀察，可生正念以觀察淨土。《往生論》所言同曇鸞的看法，只是曇鸞更細微地分出其中的殊勝利益——即「以佛為中心」，站在「佛力住持」之立場，而解釋一切之意圖，是曇鸞淨土教義之一貫主張。

五者迴向門；「云何迴向？不捨一切苦惱眾生，心常作願迴向，為首得成就大悲心故。迴向有二種相：一者，往相；二者，還相。往相者，以己功德迴施一切眾生，作願共往生彼阿彌陀如來安樂淨土。還相者，生彼土已，得奢摩他毘婆舍那方便力成就，迴入生死稠林，教化一切眾生，共向佛道。若往若還，皆為拔眾生，渡生死海，是故言迴向為首得成就大悲心故。」〔註188〕

此是曇鸞與天親菩薩，對迴向門不同解說的地方，主要是曇鸞再進一步提到往相和還相，這是他特別注意到的，將此土功德迴向一切眾生同生安養外，亦提到往生彼國後，能發願再回到本土，廣度有情之重要思想。

這可以看出迴向門與發「菩提心」相結合，此點天親菩薩並未特別強調，《往生論註》只提到《往生論》：「論言：修五門行，以自利利他成就故。……凡是生彼淨土及彼菩薩人天，所起諸行，皆緣阿彌陀如來本願力故」〔註189〕然而曇鸞對於此點就非常強調：「案：王舍城所說《無量壽經》：三輩生中雖行有優劣，莫不皆發無上菩提之心，此無上菩提心，即是願作佛心。願作佛心，即是度眾生心。度眾生心，即攝取眾生，生有佛國土心。是故願生彼安樂淨土者，要發無上菩提心也。」〔註190〕《無量壽經》此意是曇鸞所極力強調的，而天親菩薩似未明白強調此意。

五、十念必生

在《無量壽經》中談到，阿彌陀佛發 48 大願，其中第 18、19、20 這三願〔註191〕，是說給娑婆世界的眾生知道，而這三願之於眾生，即能直接獲得

〔註187〕釋曇鸞：《無量壽經優婆提舍願生偈註》，頁 836 上。
〔註188〕同上，頁 836 上。
〔註189〕釋見杭：〈彌陀淨土往生行因之研究——以曇鸞、道綽、善導為主〉，頁 65。
〔註190〕釋曇鸞：《無量壽經優婆提舍願生偈註》，頁 842 上。
〔註191〕康僧鎧譯：《佛說無量壽經》，頁 268 上：第 19 願：「『設我得佛，十方眾生發菩提心修諸功德，至心發願欲生我國，臨壽終時，假令不與大眾圍遶現其人

利益。這三願分別以「至心信樂」、「至心發願」、「至心迴向」，作爲往生淨土的三資糧，而第 18 願提到十念往生〔註 192〕，是最得利、最切要的，《往生論註》裡即已引到《無量壽經》言此願是：「願言：設我得佛，十方眾生，至心信樂，欲生我國，乃至十念。若不得生者，不取正覺。唯除五逆誹謗正法，緣佛願力故，十念念佛便得往生。得往生故，即免三界輪轉之事，無輪轉故，所以得速，一證也。」〔註 193〕其中「唯除五逆誹謗正法」曇鸞在《往生論註》〔註 194〕上解說得相當詳盡：

> 問曰：業道經言：業道如秤，重者先牽，如《觀無量壽經》言：有人造五逆十惡，具諸不善，應墮惡道，經歷多劫，受無量苦，臨命終時，遇善知識，教稱南無無量壽佛。如是至心令聲不絕，具足十念，便得往生安樂淨土，即入大乘正定之聚，畢竟不退。與三塗諸苦永隔。……但以十念念阿彌陀佛，便出三界繫業之義，復欲云何？

> 答曰：汝謂五逆十惡，繫業等爲重，以下下品人，十念爲輕，應爲罪所牽，先墮地獄，繫在三界者。今當以義，校量輕重之義。在心、在緣、在決定，不在時節久近多少也。云何在心？……譬如千歲闇室，光若暫至，即便明朗。豈得言闇在室千歲，而不去耶，是名在心。云何在緣？彼造罪人，自依止妄想心，依煩惱虛妄，果報眾生生。此十念者，依止無上信心，依阿彌陀如來方便莊嚴，眞實清淨無量功德名號生，……是名在緣。云何在決定？彼造罪人，依止有後心，有間心生。此十念者，依止無後心，無間心生，是名決定。

前者，不取正覺。」第 20 願：「『設我得佛，十方眾生聞我名號，係念我國，殖諸德本，至心迴向欲生我國，不果遂者，不取正覺。」

〔註 192〕康僧鎧譯：《佛說無量壽經》，頁 268 上。此外，48 願中的第 11 願：「設我得佛，國中人天不住定聚必至滅度者，不取正覺。」曇鸞在《往生論註》云：「緣佛願力故，住正定聚；住正定聚故，必至滅度，無諸迴伏之難，所以得速，二證也。」這是絕不退轉的，故能令眾生速證無上菩提。又第 19 願：「設我得佛，他方佛土諸菩薩眾，來生我國，究竟必至一生補處——除其本願自在所化，爲眾生故，被弘誓鎧，積累德本，度脫一切，遊諸佛國修菩薩行，供養十方諸佛如來，開化恒沙無量眾生，使立無上正眞之道，超出常倫諸地之行，現前修習普賢之德——若不爾者，不取正覺。」此願主要是提出「究竟必至一生補處」的殊勝利益，這是阿彌陀佛本願之力，是往生淨土者的保障，因爲他能超出常倫諸地之次第階位。以上二願也是曇鸞特別強調的。

〔註 193〕釋曇鸞：《無量壽經優婆提舍願生偈註》，頁 843 下。

〔註 194〕同上，頁 843 下。

校量三義，十念者重，重者先牽。能出三有。兩經一義耳。

以五逆十惡，繫業重的人而言，於校量輕重中，只此一念信願，無有間雜，而依止：「在心、在緣、在決定。」等三個因素，則十念將業習一變而為願力，業習頓輕：「譬如千歲闇室，光若暫至，即便明朗。」，如此念念相續，意志堅定，無有間斷，即使造罪之人：「但言憶念阿彌陀佛……隨所觀緣，心無他想，十念相續，名為十念，但稱名號，亦復如是。」〔註195〕必感得果報不可思議也，故十念必能往生。此猶如禪宗所謂：「放下屠刀，立地成佛。」之道理般：

問曰：心若他緣，攝之令還，可知念之多少？但知多少，復非無間，若凝心注想，復依何可得記念之多少。

答曰：經言十念者，明業事成辦耳，不必須知頭數也。如言蟪蛄不識春秋，伊蟲豈他事便罷！復何暇須知念之頭數也。若必須知，亦有方便，必須口授，不得題之筆點。

曇鸞很清楚：「經言十念者，明業事成辦耳，不必須知頭數也。如言蟪蛄不識春秋，伊蟲豈知朱陽之節乎！」〔註196〕眾生：「但以十念念阿彌陀佛，便出三界繫業之義，復欲云何。」〔註197〕本來深奧難解的道理，若在簡單中進行，是：「在心、在緣、在決定，不在時節久近多少也。」〔註198〕以上為《往生論註》上的一些要點說明，另外，《略論安樂淨土義》中的第六問答也提到十念相續，念佛往生的事。第六問答是解說如何教導眾生十念相續便得往生，如何無他心間雜，而能成就十念相續之故：

問曰：下輩生中，云十念相續，便得往生。云何名為十念相續？答曰：……念阿彌陀佛，如彼念渡，逕于十念。若念佛名字，若念佛相好，若念佛光明，若念佛神力，若念佛功德，若念佛智慧，若念佛本願。無他心間雜，心心相次，乃至十念，名為十念相續。一往言十念相續，似若不難。然凡夫心猶野馬，識劇猿猴，馳騁六塵，不暫停息。宜至信心，預自剋念。便積習成性，善根堅固也。如佛告頻婆娑羅王，人積善行，死無惡念。如樹西傾，必倒隨曲。若便

〔註195〕釋曇鸞：《無量壽經優婆提舍願生偈註》，頁833下。

〔註196〕同上，頁833下。

〔註197〕同上，頁833下。

〔註198〕同上，頁833下。

　　刀風一至，百苦湊身。若習前不在，懷念何可辨？又宜同志五三，

　　共結言要，垂命終時，迭相開曉，爲稱阿彌陀佛名號，願生安樂。

　　聲聲相次，使成十念也。譬如蠟印印泥，印壞文成。此命斷時，即

　　是生安樂時。一入正定聚，更何所憂也。〔註199〕（助念即若此也）

　　此段話仍然勸下輩生人要十念相續，其關鍵在至誠懇切，淨念相繼地「無
他心間雜」故，便得往生極樂淨土。別小看僅只這十念，看似簡易，然欲達
相續實不易，因「凡夫心猶野馬，識劇猿猴。馳騁六塵，不暫停息。」所以
這時候只能靠信心是否堅，善根是否深？如果又能遇到善知識「五三共結言
要，垂命終時，迭相開曉。」則「此命斷時，即是生安樂時。一入正定聚，
更何所憂也。」照這樣扣準「在心、在緣、在決定」以深信願力，持而行之，
焉有不能往生的道理。

〔註199〕釋曇鸞：《略論安樂淨土義》，頁3下。

第五章　結　論

第一節　曇鸞由仙轉佛之念佛法門

從歷代以來，我們知道，每一位大師所倡導的淨土思想，必定與這個時代的思潮息息相關。

佛教傳入東土，其最早傳入並流行的是小乘禪數之學。然而，這思想和行法在很多方面，都與中國神仙方術有很契合的地方：

> 如「安般守意」的數息禪觀，其追求的「息意去欲，而歸於無爲」
> 在理論上就被認爲與當時黃老道的清靜無爲相一致，其數息守意的
> 修行方法，又與「守氣」、「守一」等呼吸吐納的神仙道術相似，而
> 修禪所能獲得的「神通」，更與傳統理想中的「神仙」相通。〔註1〕

曇鸞的持名念佛或許已如「安般守意」的數息禪觀，亦或「與『守氣』、『守一』等呼吸吐納的神仙道術相似」，一位深具開創性，領悟力又特別高的淨土行者，必將平時鍛煉且研究多年的氣功，應用到念佛法門上，希冀二六時中〔註2〕（古代慣用語，就是一整天的意思）皆能連成一片《往生論註》卷上說：「憶念阿彌陀佛，若總相，若別相，隨所觀緣，心無他想，十念相續，

〔註 1〕 洪修平：〈論漢地佛教的方術靈神化、儒學化與老莊玄學化——從思想理論的層面看佛教的中國化〉，頁 308。

〔註 2〕 丁福保：《佛學大辭典》，頁 55：（雜語）一晝夜十二時也，是我國之曆法，若印度則爲六時或八時。「六個時辰」，合併說就稱作「二六時」；所以從「子時」到「亥時」之間，也就是在這一整天之中，就稱作：「二六時中」。

名爲十念；但稱名號，亦復如是。」〔註3〕在《略論安樂淨土義》中亦說：「若念佛名字，若念佛相好，若念佛光明，若念佛神力，若念佛功德，若念佛智慧，若念佛本願，無他心間雜，心心相次，乃至十念，名爲十念相續。」〔註4〕，曇鸞除了持名念佛（無間斷地口誦心念佛號）、觀想念佛（即憶念佛的相好，光明、神力、功德、智慧、本願）外，調息調氣的「安般守意念佛法」是否已然連綿其中呢？這應該是定境中的自然規律，亦是「無他心間雜，心心相次」，那也是讓一切眾生在念佛時，輔助氣脈與念頭純然一心，而無他想的最好時刻，於是染著的心由穢轉淨，善業日進，惑業日減，然後仗佛願力接引，必能往生佛國淨土。此不就是由仙轉佛後，對「十念相續」更深一層的體會：

> 佛教與道教雖然在後來的發展中因爲宗派之爭而矛盾不斷，有時甚至達到相當激烈的程度，但在相當一段時間裡，在漫長的中國化過程中，佛教對道教的思想和方法也是大量容納和吸收的。〔註5〕
>
> 漢地佛教的方術靈神化、儒學化與老莊玄學化是相互聯繫、並存並進的，但在不同的歷史時期、不同的人物和不同的思想體系中又各有側重，佛教的中國化與傳統文化的佛教化是一個雙向互動的過程，祗有從佛教與傳統文化的相互影響中，才能更好地把握中國佛教的特點，也才能更好地研究中國傳統思想文化的發展。〔註6〕
>
> 佛教的方術靈神化主要是在信仰和行證的層面上爲佛教在中土的傳播掃除了障礙，爲其與廣大民眾的宗教觀念和行爲相結合開拓了道路。〔註7〕

古人有言：「百病生於氣」，氣在人體中的作用大而長遠啊！正因爲「中國人講氣，氣與吾人之關係，從身體、生命，以至修道，外而至於宇宙、人生都是有著密不可分的。所謂人活著一口氣，殆有深意存焉。蓋仗著這口氣（呼吸），關乎生理、心理、精神，即可以掌握身體、生命，以至生死。」〔註

〔註3〕 釋曇鸞：《無量壽經優婆提舍願生偈註》，頁833下。
〔註4〕 釋曇鸞：《略論安樂淨土義》，頁3下。
〔註5〕 洪修平：〈論漢地佛教的方術靈神化、儒學化與老莊玄學化──從思想理論的層面看佛教的中國化〉，頁307。
〔註6〕 同上，頁303。
〔註7〕 同上，頁308。
〔註8〕 熊琬：〈從身體的奧秘探討生命哲學──以禪、丹道與密爲主〉，頁9。

8）當人若能保持最後一口氣，是自己能掌握的，如此「心平氣和」地往生，且最後一口氣與佛號同進出萬緣已放，只此一念，如此具足多少福德、智慧資糧，焉能不往生極樂！

　　總之，我們無論是養生或是在修行，其身、心、靈三者必缺一不可，甚而要再兼顧而轉化之。

> 丹道以身體爲鼎爐（太極拳亦建立在丹道的原理上），認爲是修道煅煉的工具。禪法以「身安道隆」（包括調食、調眠、調身、調息、調心），注重六根門頭。密宗強調「即身成佛」，即此身具有修道之資糧。即在從業力的根身轉化成爲佛的法、報、化三身。……以上任何一種，都不外是身、心、靈的昇華過程。〔註9〕

　　曇鸞因接觸仙術而明白調氣如何能養生、長生的道理，特別是他把念佛法門也運用其中，相信此法一旦煉出心得，則這「易行道」的淨土念佛之法，必定會廣傳、普化的。

第二節　曇鸞淨土思想普化之特質

　　演培法師曾在《淨土宗史論》中說到：「曇鸞、道綽二大師不僅對淨土竭力宏揚，且對淨土有特別的貢獻。」〔註10〕關於曇鸞將淨土思想普化，大要可依三點分別說之：

一、依衆生普化而言

　　清藕益大師有《佛說阿彌陀經要解》

> 原夫諸佛憫念群迷，隨機施化。雖歸元無二，而方便多門。然於一切方便之中，求其至直捷、至圓頓者，則莫若念佛求生淨土。又於一切念佛法門之中，求其至簡易、至穩當者，則莫若信願專持名號。是故淨土三經並行於世，而古人獨以《阿彌陀經》列爲日課。豈非有見於持名一法，普被三根，攝事理以無遺，統宗教而無外，尤爲不可思議也哉！〔註11〕

〔註9〕 熊琬：〈從身體的奧秘探討生命哲學——以禪、丹道與密爲主〉，頁9。

〔註10〕 釋演培：〈曇鸞與道綽〉，（台北：《現代佛教學術叢刊》，第65冊），頁227～237。

〔註11〕 釋藕益：《佛說阿彌陀經要解》，頁15。

所謂「普被三根」，即最上如文殊師利菩薩、普賢菩薩等皆發願往生，再下如五逆十惡、畜牲、地獄中的眾生，都能往生。這是曇鸞透過深明義理之精髓，已將彌陀淨土帶至「大方廣」中，往生易行而普及，此弘開往生善門，能使三根普被，利頓全收，所以淨土到曇鸞時，已然普潤廣大眾生矣。

二、依時間普化而言

釋見杭法師說：「曇鸞大師上承龍樹菩薩「易行道」、世親菩薩「五念門」之淨土觀。標舉持名念佛法門，一生奉行並竭力弘揚，因此奠定中國淨土宗之理論基礎。其對中國淨土宗之貢獻，功不可沒。」〔註12〕曇鸞的淨土思想在時間上，可說已普化為上承龍樹菩薩、天親菩薩；而下繼以道綽、善導，故道綽、善導先後成為隋唐時期著名的淨土大師。

三、依空間普化而言

就空間普化而言，曇鸞：「繼承、吸收印度大乘佛學的彌陀淨土信仰，結合中土民生實際，建立起自己獨特的淨土學說，大大擴張了淨土信仰的可接受性和普及性，為淨土信仰在中土的傳播開闢了一方新天地。」〔註13〕據《續高僧傳》記載，曇鸞在太原、交城、介休、平遙等地，教民眾如何持簡便易行的念佛方法，深受社會各階層的愛戴和敬重。尤其平遙講經之地被稱為變紅巖，孝靜帝稱他為神鸞。玄中寺也因淨土念佛而廣為人知，之後僧人道綽、善導等相繼來禮敬曇鸞。曇鸞對中國淨土宗的形成實有著直接而深遠的影響。

第三節　曇鸞淨土思想對後世的影響

曇鸞之所以能使淨土思想普化，當首推受龍樹菩薩中觀及淨土思想的影響有關，曇鸞在龍樹菩薩所著《十住毘婆沙》中獨取「易行道」、「他力」等為淨土法門鎖鑰，以及「十念往生」的說法，這些看法已成為後世修學淨土法門的依循，其對後世有很深的影響，筆者在此就歸納以下幾點，供大家參考：

〔註12〕釋見杭：〈曇鸞大師往生行因思想之探討〉，（台北：《佛學論文集 14 之 15》，1981 年 6 月），頁 2。

〔註13〕洪修平：〈論漢地佛教的方術靈神化、儒學化與老莊玄學化——從思想理論的層面看佛教的中國化〉，頁 183。

一、難信易行之法

　　《佛說阿彌陀經》:「釋迦牟尼佛，能爲甚難希有之事。……爲諸眾生，說是一切世間難信之法。」〔註14〕這是很不容易相信的法門，爲甚麼呢？因爲這個法門太容易了！是「易行道」，仗他力的「易行道」，這容易相信嗎？所以從這裡看出曇鸞的不容易。

　　曇鸞於《十住毘婆沙》見「易行道」時，即體會爲當時修淨土之契機，其易行之因，貴在受他力及持名念佛之方便，清藕益大師言:「釋迦慈尊，無問自說，特向大智舍利弗拈出，可謂方便中第一方便，了義中無上了義，圓頓中最極圓頓。」〔註15〕故「持名一法，收機最廣」〔註16〕。

二、因他力而三根普被

　　念佛之法，是彌陀的慈悲願力所成，是「三根普被，利鈍全收」，唯有這樣才能如實平等，同體大悲。

三、十念法

　　曇鸞在《往生論註》裡，常強調十念相續的念佛法，是於一切時、一切處，要不間斷、不夾雜，則〈服氣要訣〉等有關仙術氣論的說法，其中所談到調息調氣的情形，如果應用到十念相續上，這便是曇鸞的善巧。後世淨土第十三祖印光大師則將十念法更加發揚，印光祖師在《印光大師文鈔精華錄》中提到:「所謂十念記數者，當念佛時，從一句至十句，須念得分明，仍須記得分明。……當從一至三，從四至六，從七至十，作三氣念。念得清楚，妄念無處著腳，一心不亂，久當自得爾。須知，此之十念，與晨朝十念〔註17〕，

〔註14〕鳩摩羅什譯:《佛說阿彌陀經》，頁137下。
〔註15〕釋藕益:《佛說阿彌陀經要解》，頁24。
〔註16〕同上，頁24。
〔註17〕印光大師對慈雲懺主的晨朝十念法，有詳細的解說：若或事務多端，略無閒暇。當於晨朝盥漱畢，有佛則禮佛三拜，正身合掌念南無阿彌陀佛。盡一口氣爲一念，念至十口氣，即念小淨土文，或但念願生西方淨土中四句偈，念畢禮佛三拜而退，若無佛即向西問訊，照上念法而念，此名十念法門。乃宋慈雲懺主爲王臣政務繁劇，無暇修持者所立也。何以令盡一口氣念，以眾生心散，又無暇專念。如此念時，借氣攝心，心自不散。然須隨氣長短，不可強使多念，強則傷氣。又止可十念，不可二十三十，多亦傷氣。以散心念佛，難得往生。此法能令心歸一處，一心念佛，決定往生。念數雖少，功德頗深。

攝妄則同，用功大異。」〔註18〕這裡有更紮實的念法是從一數至十的十念記數法，雖已不同於曇鸞所提的十念相續法，但其中也注意到換氣調息的方式。所以曇鸞自《往生論》裡，注意到十念相續與調息調氣的關係，而後世也有注意到此點。

四、一門深入

曇鸞捨空宗、神仙之學，而轉以淨土為修行正因，一門深入地行持於生活中，慣用佛號於日常中，這個方便妙法已影響了後世，包括從祖師到世俗間人，想一門深入地持名念佛者，曇鸞可謂是先驅者。

五、空有不二

曇鸞的淨土法門裡有空宗的思想，《大集經》曰：「若人但念阿彌陀，是即無上深妙禪」〔註19〕曇鸞以中觀思想之理，解念佛法門的殊勝；這猶如後世所說的：「有禪有淨土，猶如戴角虎。」〔註20〕所以後世也有禪淨不二之說。

六、妙顯「心」字

曇鸞在《往生論註》也常提到「心」字，如：「在心、在緣、在決定」、「是心作佛，是心是佛」，後世因而受此啟發而得「華嚴奧藏，法華祕髓，一切諸佛心要，菩薩萬行之司南，皆不出於此矣，欲廣歎述，窮劫莫盡，智者自當知之。」〔註21〕

釋印光：《增廣文鈔卷一與陳錫周居士書》，頁 52。然而印光大師又提到：所言先從十念進行，不知十念一法，乃為極忙之人所設。以終日無暇，但只晨朝十念。若有工夫人，豈可以十念了之乎。如先念十念，再按自己之身份，所立之功課做，則可。若但十念即已，則不可。況此患難世道，禍機四伏。若不專志念佛及念觀音，一旦禍患臨頭，又有何法可得安樂。釋印光：《文鈔三編卷三復馬宗道居士書一》，頁 56。

〔註18〕李淨通：《印光大師文鈔菁華錄·五勉居心誠敬》，頁 59～60。

〔註19〕三藏曇無讖譯：《大方等大集經》，頁 140 下。

〔註20〕彭際清等：《淨土聖賢錄》，頁 112，《淨土聖賢錄·四料簡》：又嘗作四料簡云：有禪無淨土，十人九錯路。陰境若現前，瞥爾隨他去。無禪有淨土，萬修萬人去。但得見彌陀，何愁不開悟。有禪有淨土，猶如帶角虎。現世為人師，當來作佛祖。無禪無淨土，鐵床並銅柱。萬劫與千生，沒箇人依怙。

〔註21〕釋藕益：《佛說阿彌陀經要解》，頁 27～28。

七、信願行

　　《往生論註》卷下，一開頭即有：「一者『願』偈大意。二者起觀生『信』。三者觀『行』體相。四者淨入願心。……九者願事成就。十者利行滿足。」最後的「願事成就」和「利行滿足」，便是達理事圓融無礙之地。這個道理於後世，則更加以推衍、提倡，如《佛說阿彌陀經要解》即說到：「此經以信願持名爲修行之宗要。非信不足啓願，非願不足導行，非持名妙行不足滿所願而證所信。經中先陳依正以生信，次勸發願以導行，次示持名以徑登不退。」〔註22〕故信願行三資糧，已成爲淨土法門往生極樂不可或缺的三個必備條件。

八、影響淨土二祖善導

　　善導大師因依止《無量壽經》，十念必生的本願，故拈出獨讚持名念佛的妙法，釋見杭法師說：「凡研治中國淨土教理史之學者，均知中國淨土宗發展至初唐，大抵可分成三系，即慧遠系、善導系及慈愍系。善導一系，強調的是持名念佛、彌陀本願力及凡夫往生報土等思想，如要追溯此一思想系統之源頭，當以曇鸞大師爲其端緒。」〔註23〕因受曇鸞的影響，善導大師也將十念必生的持名念佛廣傳於大唐。

九、影響五明學中的醫方明

　　曇鸞因病而學醫學氣功等養生之術，這與大乘菩薩須學習五明〔註24〕中的醫方明相似。只是他雖學道家、道教的醫方明，但從他對醫學氣論的著作，如何將佛法調柔其中，即可看出曇鸞度眾的用心。也許曇鸞覺得這是適合在中土治療的，便隨緣地幫著大家療病；然調氣數息等方術上的療法，卻已影響後世對養生之道的另一種認識。

　　綜上所列，曇鸞的淨土思想對後世之影響可謂深而廣！曇鸞少時已開始

〔註22〕釋藕益：《佛說阿彌陀經要解》，頁20。
〔註23〕釋見杭，〈曇鸞大師往生行因思想之探討〉，頁1。
〔註24〕《五明經》云：「菩薩學處，當在五明學處。」五明梵語 pañca vidyā-sthānāni。指五種學藝，爲古印度之學術分類法。即：(1) 聲明（śabda-vidyā），語言、文典之學。(2) 工巧明（śilpakarma-vidyā），工藝、技術、算曆之學。(3) 醫方明（cikitsā-vidyā），醫學、藥學、咒法之學。(4) 因明（hetu-vidyā），論理學。(5) 內明（adhyātma-vidyā），專心思索五乘因果妙理之學，或表明自家宗旨之學。

涉獵儒道典籍，深受聖賢教化的啓蒙與薰陶，也因此爲未來註經奠定了深厚的根基。

其次，曇鸞又因生命的課題，實際從病苦中，體驗「心」念的重要。人總不離生老病死，即使生於現代，仍慨歎人生苦短！尤其，當一個人正命在且夕時，偏偏眼前所知所學卻無法即刻受益，其內心之徬徨、痛苦焦急至無所適從，實難言喻！何況曇鸞已出家，應該比一般人更了知生死的重要，何況曇鸞對學佛的信心堅定，走究竟之道也堅固不移；但無常的病苦一旦折磨，仍不得要領時，他和一般人一樣爲了即早脫離病苦，就什麼也都不考慮了，先把病治好再說！

因著此點，於是曇鸞求諸仙術，然後又歸趨淨土；如此由仙轉佛的體悟，已充分落實於生活中，曇鸞所面臨的長生問題，也同樣會在這個時代發生，曇鸞的問題，也是我們的問題，所以法師的處置方式，從現代來說就是個借鏡。現代文明病，如癌症、動脈硬化、糖尿病、心臟病、憂鬱症、焦慮症等，不也如此，都在一念心性！若將生滅心念，一轉而爲不生不滅的佛號，持名念佛，十念相續，綿綿密密地生生不息，則病何由而生？而這個改變，實在有待受堅信他力，強調他力的重要才能獲得改善。

雖說法師所出生之時代，皆兼融並蓄於儒家、道家、道教與佛教密不可分的思想宿命。印光大師說：「生死，吾人第一大事也。淨土法門，了生死無上妙法也。一代時教，浩若淵海，其究竟暢佛普度眾生之本懷者，唯淨土一法而已！」〔註25〕在這樣如此動盪不安，又受內外文化、思想不斷衝擊的時代，身與心與靈倍受煎熬，也因此更顯出曇鸞大師由仙轉佛之學思及其心路歷程正符合當時所需，誠是靈丹妙藥眞實不虛之極品也。

所以法師是承先啓後的開蒙者，他所修學的淨土，其學思歷程已逐漸成爲中國式的淨土。他的淨土思想含融著世親的唯識思想和龍樹的中觀思想，甚而將中國醫術、道教神仙方術的氣論善巧方便地運用到念佛法門上，這樣的淨土修持雛形，就從曇鸞開始。

〔註25〕釋曇鸞：《往生論註・敘》，頁 1。

參考文獻

【凡例】

1. 下列參考書目依類型分為文獻、外文參考書目、工具書、網址資料，四大類。

2. 中文參考文獻，再細分為：古籍文本、今人論著；期刊論文、學位論文。

3. 參考書目之排列方式，依作者姓氏筆劃由少到多排列，若姓氏筆劃相同者，則以姓名第二個字為準，以此類推。同一作者之著作，則依出版時間先後排列。

壹、參考文獻

一、佛教藏經典籍

（一）大正新修大藏經

1. 釋了根纂註：《阿彌陀經直解正行》，《大正藏》第 22 冊，No.0434。

2. 唐・文諗、少康共撰：《往生西方淨土瑞應傳》，《大正藏》第 51 冊，No.2070。

3. 天親造，北魏・菩提流支譯：《無量壽經優婆提舍願生偈》，《大正藏》第 26 冊，No.1524。

4. 唐・玄奘譯：《大般若波羅密多經》，《大正藏》第 5～7 冊，No.0220。

5. 唐・玄奘譯：《心經》，《大正藏》第 8 冊，No.0251。

6. 後漢・安世高譯：《佛說大安般守意經》，《大正藏》第 15 冊，No.0602。

7. 隋・吉藏撰：《大乘玄論》，《大正藏》第 45 冊，No.1853。

8. 隋・吉藏撰:《無量壽經疏》,《大正藏》第 37 冊,No.1746。

9. 劉宋・求那拔陀羅譯:《雜阿含經》,《大正藏》第 2 冊,No.0099。

10. 後秦・佛陀耶舍共竺佛念譯:《長阿含經》,《大正藏》第 1 冊,No.0001。

11. 東晉・佛馱跋陀羅譯:《大方廣佛華嚴經・離世間品》,《大正藏》第 9 冊,No.0278。

12. 東晉・佛陀跋陀羅譯:《觀佛三昧海經》,《大正藏》第 15 冊,No.643。

13. 宋・戒珠撰:《往生淨土傳》,《大正藏》第 51 冊,No.2071。

14. 宋・釋宗曉編:《樂邦文類》,《大正藏》第 47 冊,No.1969。

15. 元・釋宗寶編:《六祖大師法寶壇經》,《大正藏》第 48 冊,No.2008。

16. 唐・釋法琳撰:《辯正論》,《大正藏》第 52 冊,No.2110。

17. 唐・迦才撰:《淨土論》,《大正藏》第 47 冊,No.1963。

18. 唐・般剌蜜帝譯:《大佛頂如來密因修證了義諸菩薩萬行首楞嚴經》,《大正藏》第 19 冊,No.0945。

19. 唐・般若奉詔譯:《大方廣佛華嚴經——入不思議解脫境界普賢行願品》,《大正藏》第 10 冊,No.0293。

20. 梁・曼陀羅仙譯:《文殊師利所說摩訶般若波羅蜜經》,《大正藏》第 8 冊,No.232。

21. 曹魏・康僧鎧譯:《佛說無量壽經》,《大正藏》第 12 冊,No.360。

22. 北魏・菩提流志譯:《無字寶篋經》,《大正藏》第 17 冊,N0.828。

23. 北魏・菩提流支譯:《佛說文殊師利法寶藏陀羅尼經》,《大正藏》第 20 冊,No.1185A。

24. 北魏・菩提流支譯:《入楞伽經》,《大正藏》第 16 冊,No.0671。

25. 北魏・菩提流支譯:《大寶積經》,《大正藏》第 11 冊,No.0310。

26. 隋・釋智顗撰:《佛說觀無量壽佛經疏》,《大正藏》第 37 冊,No.1750。

27. 隋・釋智顗撰:《淨土十疑論》,《大正藏》第 47 冊,No.1961。

28. 隋・釋智顗撰:《五方便念佛門》,《大正藏》第 47 冊,No.1962。

29. 隋・釋智顗撰:《維摩經略疏》,《大正藏》第 38 冊,No.1778。

30. 唐・釋善導撰:《觀無量壽經義疏》,《大正藏》第 37 冊,No.1753。

31. 宋・釋延壽集:《宗鏡錄》,《大正藏》第 48 冊,No.2016。

32. 唐・智儼述:《大方廣佛華嚴經搜玄分齊通智方軌》,《大正藏》第 35 冊,No.1732。

33. 姚秦・鳩摩羅什譯:《佛說阿彌陀經》,《大正藏》第 12 冊,No.0366。

34. 姚秦・鳩摩羅什譯:《維摩詰所說經卷中——文殊師利問疾品第五》,《大正藏》第 14 冊,No.0475。

35. 姚秦・鳩摩羅什譯：《維摩詰所說經》，《大正藏》第 47 冊，No.475。

36. 唐・釋道世撰：《法苑珠林》，《大正藏》第 53 冊，No.2122。

37. 唐・釋道宣撰：《續高僧傳》，《大正藏》第 50 冊，No.2060。

38. 唐・釋道宣撰：《集古今佛道論衡》，《大正藏》第 52 冊，No.2104。

39. 唐・釋道綽撰：《安樂集》，《大正藏》第 47 冊，No.1958。

40. 唐・釋道鏡、釋善道共集：《念佛鏡》，《大正藏》第 47 冊，No.1966。

41. 宋・畺良耶舍譯：《佛說觀無量壽佛經》，《大正藏》第 12 冊，No.365。

42. 後秦・釋僧肇撰：《肇論》，《大正藏》第 45 冊，No.1858。

43. 唐・實叉難陀奉制譯：《大方廣佛華嚴經——夜摩天宮品第19》，《大正藏》第 10 冊，No.279。

44. 隋・釋慧遠撰：《無量壽經義疏》，《大正藏》第 37 冊，No.1745。

45. 隋・釋慧遠撰：《觀無量壽經義疏》，《大正藏》第 37 冊，No.1749。

46. 梁・釋慧皎撰：《高僧傳》，《大正藏》第五十冊，No.2059。

47. 宋・曇無竭譯：《觀世音菩薩授記經》，《大正藏》第 12 冊，No.371。

48. 北涼・曇無讖譯：《大般涅槃經》，《大正藏》第 12 冊，No.374。

49. 北涼・曇無讖譯：《大方等大集經》，《大正藏》第 13 冊，No.397。

50. 北魏・釋曇鸞撰：《無量壽經優婆提舍願生偈註》，《大正藏》第 40 冊，No.1819。

51. 北魏・釋曇鸞撰：《讚彌陀佛偈》，《大正藏》第 47 冊，No.1978。

52. 北魏・釋曇鸞撰：《略論安樂淨土義》，《大正藏》第 47 冊，No.1957。

53. 龍樹菩薩造，姚秦・鳩摩羅什譯：《大智度論》，《大正藏》第 25 冊，No.1509。

54. 龍樹菩薩造，姚秦・鳩摩羅什譯：《中觀論頌》，《大正藏》第 30 冊，No.1564。

55. 龍樹菩薩造，姚秦・鳩摩羅什譯：《十二門論》，《大正藏》第 30 冊，No.1568。

56. 龍樹菩薩造，姚秦・鳩摩羅什譯：《百論》，《大正藏》第 30 冊，No.1569

57. 唐・釋懷感撰：《釋淨土群疑論》，《大正藏》第 47 冊，No.1960。

58. 明・釋鎮澄：《古清涼志》卷上，《大正藏》第 51 冊，p.1096b。

59. 唐・釋慧祥撰：《古清涼傳》，《大正藏》第 51 冊，No.2098。

（二）卍續藏

1. 宋・王古輯：《新修往生傳》，《卍續藏》第 78 卷，No.1546-1。

2. 清・彭際清撰：《淨土聖賢錄》，《卍續藏》第 78 卷，No.1549。

3. 唐・實義難提譯：《大華嚴經——佛祖綱目》，《卍續藏》第 85 冊，No.1594。

以上藏經皆引用自中華電子佛典協會（Chinese Buddhist Electronic Text Association 簡稱 CBETA）〔註 1〕

貳、中文參考文獻

一、古籍文本

1. 《大般若經綱要》，台北，佛陀教育基金會，1996 年 12 月。

2. 台中佛教蓮社編：《淨土五經》，台北：青蓮出版社，2001 年 1 月。

3. 清・釋印光：《印光大師文鈔精華錄》，台南：和裕出版社，2007 年 1 月。

4. 朱越利：《道藏》，文物出版社、上海書店、天津古籍出版社三家聯合，於 1988 年影印出版。

5. 宋・李昉等人編：《太平廣記》，臺北：文史哲出版社，1978 年 11 月。

6. 李淨通：《印光大師文鈔菁華錄──五勉居心誠敬》，台南：和裕出版社，2007 年 1 月。

7. 余培林註釋：《新譯老子讀本》，台北：三民書局印行，1987 年 2 月。

8. 唐・房玄齡等合著：《晉書》，台北：台灣商務出版，2010 年 6 月。

9. 和裕出版社編：《易經》，台南：能仁出版社，2002 年。

10. 和裕出版社編：《孟子公孫丑章句上》，台南：和裕出版社，2001 年 10 月。

11. 唐宋間・延陵先生編，桑榆子評：《延陵先生集新舊服氣經》，《正統道藏》電子文字資料庫洞神部方法類：《雲夏七籤》，卷 58、59 及 60。

12. 宋・洪興祖：《楚辭補註》，台北：藝文印書館，1981 年 3 月。

〔註 1〕 中華電子佛典協會由「北美印順導師基金會」、「菩提文教基金會」與「中華佛學研究所」於 1998 年 2 月 15 日贊助成立。1997 年 10 月，蕭鎮國提供二十五冊中文資訊交換碼《大正藏》電子稿，並委託國立台灣大學佛學研究中心建構「佛學網路資料庫」整理，惠敏法師於國際「電子佛典推進協議會」（Electronic Buddhist Text Initiative，EBTI）發表「CBETA and Taisho Tripitaka Project」一文，使佛典電子化正式步入國際舞台。協會不隸屬於任何宗派團體與組織，成立的目的主要是希望免費提供電子佛典資料庫讓各界作非營利性使用。其宗旨為：1 收集所有的漢文佛典，以建立電子佛典集成。2 研發佛典電子化技術，提昇佛典交流與應用。3 利用電子媒體之特性，以利佛典保存與流通。4 期望讓任何想要閱藏的人都有機會如願以償。初期以完成大正藏 1～55 冊及第 85 冊電子化為目標；完成極低錯誤率之高品質電子經文；提出電腦缺字之有效處理方案。利用電腦技術，以整合不同版本藏經校勘之查閱。整合全文檢索之工具，以提昇電子佛典之應用。利用網路特性，將漢文佛典呈現至世界各處。開發單機版之使用介面，以利大眾使用。所有這些努力，莫不希望能夠透過網路，使佛典普及，讓更多人同霑法益，並利用電腦的能力拓展佛典的應用範圍及閱讀方式。

13. 清‧彭際清等：《淨土聖賢錄》，台中：青蓮出版社，1996 年 3 月。

14. 楊家駱主編：《隋書》第 2 冊〈經籍志‧子部〉，台北：鼎文書局出版，1990 年 7 月 6 版。

15. 楊家駱主編：《宋史‧藝文志》，台北：鼎文書局出版，1990 年 7 月 6 版。

16. 新文豐編：《石刻史料新編》，台北，新文豐，1977 年出版。

17. 後晉‧劉昫：《舊唐書》，台北：鼎文書局出版，1987 年版。

18. 漢‧劉熙撰：《釋名‧釋長幼》，高雄：育民出版社，1970 年 9 月。

19. 漢‧劉向、劉歆父子校刊，晉郭璞註，袁珂校註：《山海經卷 10 第 15》，上海：古籍出版社，1980 年。

20. 和裕出版社編：《學庸論語》，台南：和裕出版社，2008 年 7 月。

21. 梁‧釋慧皎撰：《高僧傳》，台北：財團法人佛陀教育基金會，2003 年 2 月。

22. 錢穆：《莊子纂箋》，台北：東大圖書公司，2004 年 5 月。

23. 龍樹菩薩造，姚秦‧鳩摩羅什譯：《十二門論》，台北：佛陀教育基金會，1996 年 10 月。

24. 北魏‧釋曇鸞：《往生論註》，台中：台中蓮社印行，1990 年 5 月。

25. 簡豐文發行：《往生論輯注》，台北：財團法人佛陀教育基金會，2004 年 7 月。

26. 明‧釋蕅益解：《佛說阿彌陀經要解》：高雄，高雄淨宗學會，2003 年 11 月。

27. 明‧釋蕅益解，民國圓瑛法師講義：《阿彌陀經要解講義》，台中：台中蓮社印行，1994 年 4 月。

28. 北齊‧魏收：《魏書》第 4 冊〈釋老志〉，台北：鼎文書局出版，1979 年版。

29. 明‧釋鎮澄：《清涼山志》，北京：中國書店出版社，1989 年。

二、今人論著

1. 中村‧元等著，余萬居譯：《中國佛教發展史》（上），台北：天華出版社，1993 年，二版。

2. 王米渠：《佛教精神醫學》，台北：合記書局，2002 年 2 月初版 1 刷。

3. 石田瑞麿：〈中國的淨土思想〉，《佛教思想（二）在中國的發展》，台北：幼獅文化出版，1985 年初版。

4. 平川彰，釋顯如‧李鳳媚譯：《印度佛教史》，嘉義：新雨道場印，2001 年版。

5. 釋弘一等：《弘公道風》，臺南：法鈲文化事業社，2006 年 12 月。

6. 釋印順：《印度佛教思想史》，台北：正聞出版，1993 年 5 版。

7. 釋印順：《初期大乘佛教之起源與開展》，台北：正聞出版，1994 年 7 版。

8. 任繼愈主編：《中國佛教史》，北京：中國社會出版，1988 年初版。

9. 安井廣度：《龍樹之教義概要——易行品要義》，台中：本願山彌陀淨舍印，1998 年初版。

10. 佐藤泰舜，釋印海譯：《中國佛教思想論》，加州：法印寺，1996 年 11 月出版。

11. 呂澂：《中國佛學思想概論》，台北：天華出版社，1996 年 10 月初版 6 刷。

12 李炳南：《李炳南老居士全集》，台中：青蓮出版社，2006 年 3 月。

13. 李淼：〈曇鸞、道緯、善導三大師以及淨土三大流〉，《中國淨土宗大全》，台北，長春出版社，2005 年 10 月。

14. 林麗眞：《魏晉玄學研究論著目錄》（上下冊），台北：漢學研究中心編印，2005 年 11 月。

15. 胡孚琛：《魏晉神仙道教——抱朴子內篇研究》，北京：人民出版社，1991 年 12 月 3 刷。

16. 釋修嚴：《中國淨土宗的祖師傳記之研究——關於曇鸞、道綽、善導之行歷》基隆：靈泉禪寺印行，1984 年出版。

17. 夏東元：《鄭觀應集》，上海：上海人民出版社。

18. 冢本善隆：《肇論在佛教史上的意義》，京都大學：人文科學研究所研究報告「肇論研究」。

19. 祥雲長老：《佛學表解》，台北：祥光精舍觀音般若學會，2005 年 6 月。

20. 許地山：《道教史》，台北：牧童出版，1977 年 8 月。

21. 曹仕邦：《中國佛教譯經史論集》，台北：東初出版社，1980 年 6 月。

22. 張曼濤：《現代佛教學術叢刊》，台北：大乘文化出版，1978 年 12 月初版。

23. 張立文：《道》，北京：中國人民大學出版，1989 年 3 月。

24. 望月信亨著，釋印海譯：《淨土教概論》，新竹：無量壽出版社，1987 年初版。

25. 望月信亨著，釋印海譯：《中國淨土教理史》，台北：正聞出版社 1991 年三版。

26. 野上俊靜等著，釋聖嚴譯：《中國佛教史概說》，台北：台灣商務印書館，2000 年二版。

27. 陳揚炯：《曇鸞法師傳》，北京：宗教文化出版社，2000 年一版。

28. 陳援庵：《中國佛教史籍概論》，台北：新文豐出版社，1983 年 1 月，文化研討會，2009 年 4 月。

29. 郭朋：《中國佛教史》，台北：文津出版社，民 1993 年 7 月初版。

30. 常盤大定、宇井伯壽著，釋印海譯：《中印佛教思想史》新竹：無量壽出版，1987 年 1 月。

31. 梁榮茂著：《抱朴子研究——葛洪的文學觀及其思想》，台北：牧童出版社，1977 年 4 月。

32. 湯用彤：《漢魏兩晉南北朝佛教史》下冊，台北：駱駝出版社，1987 年 8 月。

33. 湯用彤：《隋唐及五代佛教史》，台北：慧炬出版社，1997 年出版。

34. 傅偉勳：《從創造的詮釋學到大乘佛學》之〈創造的詮釋學及其應用——中國哲學方法論建構試論之一〉，台北：東大圖書，1999 年 5 月，頁 1～46。

35. 馮友蘭：《中國哲學簡史》，台中：藍燈出版，1986 年。

36. 黃懺華：《佛教宗大意》，台北：1992 年 11 月。

37. 黃懺華：《中國佛教史》，台北：新文豐，1980 年 7 月，頁 61。

38. 釋聖嚴：《印度佛教史》，台北：法鼓文化，1997 年初版。

39. 釋演培：〈曇鸞與道綽〉，張曼濤主編，《現代佛教學術叢刊》第 65 冊，1980 年 10 月。

40. 劉勰著，卓國凌精讀：《文心雕龍精讀・論說第 18》，台北：台北五南圖書出版，2007 年 5 月。

41. 劉長東：《晉唐彌陀淨土信仰研究》，四川大學中文系博士學位論文，收錄於《中國佛教學術論典》第 22 冊。

42. 蔡仁厚：《中國哲學史大綱》，台北：台灣學生書局，1988 年。

43. 釋靜權：《天台宗綱要》，台北：佛陀教育基金會，1998 年 4 月。

44. 鍾國發：《陶弘景評傳》，南京：南京大學出版，2006 年 3 月第 2 次印刷。

45. 魏承思：《中國佛教文化論稿》，上海：上海人民出版社，1999 年 3 月。

46. 藍吉富：《世界佛學名著譯叢》，台北：華宇出版社，1985 年初版。

47. 鎌田茂雄，關世謙譯：《中國佛教史》，台北：新文豐出版，1995 年一版。

48. 羅清和：《佛教基本教材》，甘露經論講解系列叢書②。

49. 釋慧嚴：《淨土概論》，台北：東大圖書公司印行，1998 年初版。

50. 釋慧淨：《往生論註要義》，台中：本願山彌陀淨舍印行，1998 年出版。

三、學術期刊暨學位論文

（一）學術期刊

1. 王化倫：〈曇鸞葬地考〉，山西：《佛教研究》1999 年第 4 期，頁 99～104。

2. 方立天：〈中國佛教的気本原說和道體說〉，四川：《宗教學研究》，1997年第 4 期，頁 56～60。

3. 方立天：〈道佛互動──以心性論爲中心〈上下〉，北京：《哲學與文化》，25 卷 12 期，1998 年 12 月。

4. 白欲曉：〈論淨土信仰的中國化──從曇鸞淨土理論探討起〉，上海：《宗教哲學》第五卷第四期，1999 年 12 月出版。

5. 李幸玲：〈格義新探〉，台北：師範大學國文研究所，台北：《中國學術年刊》第 18 期，1997 年，頁 127～157。

6. 李明芳：〈僧肇「物不遷論」略論〉，台北：《東吳哲學學報》，第 3 期，1998年 4 月，頁 29～41。

7. 余崇生：〈陶弘景的仙道思想〉，台北：《書目季刊》第 24 卷第 1 期，頁25～32。

8. 余崇生：〈僧肇之「有無同義」思想〉，台北，《東方宗教研究》第 1 期，1987 年 9 月，頁 31～41。

9. 余崇生：〈三論宗的傳承及其「空」思想之考察〉，台北，《法光學壇》第2 期，1998 年 9 月，頁 50～78。

10. 釋見杭：〈曇鸞大師往生行因思想之探討〉，《佛學論文集 14 之 15》，2008年 7 月。

11. 肖雨：〈五台山淨土宗探源〉，山西：《五台山研究》，2005 年 1 月，頁 14～18。

12. 周大興：〈自然或因果──從東晉由佛之交涉談起〉，台北：《中國文哲研究集刊》，第 22 期，2003 年 3 月，頁 91～126。

13. 周育儒：〈淨土祖師曇鸞事蹟述評〉，青海：《青海社會學科》，2003 年第1 期，頁 97～100。

14. 牧田諦亮原著，釋依觀譯：〈關於肇論之流傳（上）〉，台北：《妙心雜誌》，第 44 期，1999 年 8 月。

15. 洪修平：〈論漢地佛教的方術靈神化、儒學化與老莊玄學化──從思想理論的層面看佛教的中國化〉，台北：《中華佛學學報》第 12 期，1999 年 7月，頁 303～315。

16. 建英：〈淨土宗祖庭──玄中寺〉，山西：《文化大觀》，2004 年 6 月，頁37～39。

17. 施光明：〈慧遠與曇鸞〉，中國大陸：《文史知識》，1991 年 6 月。

18. 釋修嚴：〈中國淨土宗的祖師傳記之研究──關於曇鸞、道綽、善導之行歷〉，基隆：靈泉禪寺，1987 年。

19. 涂燕秋：〈僧肇思想研究〉，台北：《中華佛學研究所論叢》，1994 年 7 月。

20. 張育英：〈曇鸞與淨土〉，河北：《河北師範大學學報》，1984 年第 3 期。

21. 張育英：〈三晉歷史人物〉，北京：書目文獻出版，2001 年 11 月，頁 1。

22. 陳劍鍠：〈曇鸞的空觀思想——以「十念相續」與「生而無生」爲核心之探討〉，嘉義：《世界宗教學刊》第八期，2006 年 12 月。

23. 陳敏齡：〈曇鸞的彌陀論〉，台北：《哲學與文化》，2003 年 7 月，頁 33～50。

24. 陳敏齡：〈曇鸞的淨土思想——兼論北魏金石碑銘所見的淨土〉，台北：《東方宗教研究》第四期。

25. 陳兵：〈道教生死觀及其與佛教的關係〉，四川：《宗教學研究》第 4 期，1997 年。

26. 郭曉東：〈佛教傳入早期的儒佛之爭與慧遠對儒佛關係的調和〉，四川：《宗教學研究》，2001 年第 2 期，頁 124～128。

27. 梁錦秀：〈玄中寺非曇鸞建寺考〉，山西：《佛教研究》，1998 年第 2 期，頁 106～110。

28. 黃永昌：〈淨宗曇鸞大師《往生論註》中般若思想淵源之探討〉，北京：《中國佛教》，第三十卷第八期，1991 年 8 月。

29. 黃國清：〈自利利他淨土行：曇鸞《往生論註》導讀〉，台北：《人生雜誌》第 275 期，2006 年 7 月，頁 118～122。

30. 溫金玉：〈曇鸞大師念佛法門研究〉，台北：《慈光禪學學報》第二期，2008 年 6 月。

31. 熊琬：〈從身體的奧秘探討生命哲學——以禪、丹道與密爲主〉，《佛教生死哲學與生命科學研討會》，湖南：佛教文化研討會，2009 年 4 月。

32. 蒲慕州：〈神仙與高僧——魏晉南北朝宗教心態初探〉，台北：《漢學研究》，第 8 卷，第 2 期，1980 年 12 月。

33. 劉立夫：〈論格義的本義及其引申〉，北京：《世界弘明哲學季刊》，1999 年 6 月。

34. 鄭琳：〈說般若思想以及其與魏晉老莊學關係的探討〉，桃園：《中央大學人文學報》，第六期，1988 年 6 月，頁 11～27。

35. 蔡纓勳：〈釋曇鸞思想之研究〉，台中：《弘光學報》第三十二期。

36. 賴賢宗：〈淨土信仰論之研究：世親、曇鸞與親鸞之迴向思想〉，台北：《佛學研究中心學報》，1999 年第 4 期。

37. 釋道昱：〈隋唐初期禪觀對西方淨土法門的影響〉（上），高雄：《普門學報》第 21 期，2004 年 5 月，頁 157～197；（下），《普門學報》第 22 期，2004 年 7 月，頁 147～192。

（二）學位論文

1. 文洛鈞：〈十念往生之研究〉，輔仁大學：宗教學碩士論文，2002 年 9 月。

2. 王惠雯：〈格義佛教〉，華梵大學：哲學系，2007 年 2 月 12 日。

3. 安京植：〈唐代淨土宗眾生教化之教育意義〉，國立台灣師範大學：教育研究所博士論文，1992 年 6 月。

4. 胡國柱：〈從中古到近世的中國佛教「淨土思想」研究〉，國立台灣師範大學：歷史研究所，2000 年。

5. 黃桂云：〈淨土藏經類典籍收錄考察與判讀──以臺灣當代中文出版品爲主〉，輔仁大學：宗教學系，2003 年。

6. 曾堯民：〈六世紀中國北方彌陀淨信仰初探〉，國立台灣大學：歷史研究所碩士論文，2002 年。

7. 溫宗堃：〈世親《淨土論》與曇鸞《淨土論註》之比較研究〉，華梵大學：東方人文思想研究所碩士學位論文，2000 年 6 月。

8. 溫宗堃：〈世親《淨土論》的淨土思想及其禪修實踐之研究〉，台北：中華佛學研究所，2006 年。

9. 釋見杭：〈彌陀淨土往生行因之研究──以曇鸞、道綽、善導爲主〉，玄奘大學宗教研究所碩士論文，2005 年 1 月。

10. 釋傳璽：〈曇鸞淨土教思想〉，玄奘大學：宗教研究所碩士論文，2006 年。

11. 蘇進華：〈彌陀淨土思想的探究〉，東海大學：哲學系，2004 年。

參、外文參考文獻

一、日文現代專書

1. 神子上惠龍：《往生論註解說》，京都：永田文昌堂，1973 年二版。

2. 福原亮嚴：《往生論註の研究》，京都：永田文昌堂，1978 年。

3. 藤善眞澄：〈曇鸞教團──地域、構成〉收錄於《曇鸞の世界》，京都：永田文昌堂，1973 年。

4. 道端良秀：《中國淨土教史の研究》，京都：法藏館，1980 年。

二、日文期刊論文

1. 神子上惠龍撰：〈他力往生說の理論形成──淨土教に於ける論註の地位〉，《印度學佛教學研究》，第二卷一號，1953 年。

2. 藤堂恭俊撰：〈「曇鸞淨土教における信」──龍樹の「信方便易行」說をふまえて〉，佛教思想第 11 冊《信》，平樂寺書店發行，1992 年。

肆、工具書

1. 丁福保：《佛學大辭典》，台北：財團法人佛陀教育基金會，2004 年 7 月。

2. 布魯格編，項退結譯：《西洋哲學辭典》，台北：華香園出版，1989 年 1 月。

3. 竺摩法師鑑定，陳義孝編：《佛學常見詞彙》，台北：佛教基金會，2003 年 2 月。

4. 周何編：《國語活用辭典》，台北：五南圖書出版，1993 年 8 月。

5. 唐・雪峰真覺禪師：《雪峰真覺禪師語錄》2 卷，台北：《佛光大辭典・禪宗全書》，1988 年 12 月，第 39 冊。

6. 藍吉富主編：《中華佛教百科全書》，臺南：中華佛教百科文獻基金會，1994 年。

伍、網址資料

1. 田瑞：《淨土祖師曇鸞葬地研究》，山西：http://www.cnki.net，1994～2010 年。

2. 釋守培：《空有二宗根本之考究》，（中華佛教網，2009 年 11 月），Powered by www.cafj.org。

3. 清・段玉裁：《說文解字注》全文檢索 http://shuowen.chinese99.com/index.php，天工書局出版，2004 年 8 月。

4. 釋淨空講：《淨土大經科註》287 集〈無等光佛〉見唐宋譯，澳洲：淨宗學院 2011 年 9 月，http://hj.jingzong.org/Item/48411.aspx。

5. 釋淨空講：《大乘無量壽經解——第 406 面，第 6 行》，《淨土大經解演義》，2010 年 4 月，http://hj.jingzong.org/Item/48411.aspx。

6. 陳慧澤：《淨土思想述要——中國淨土思想大流》，2003 年 10 月，http://www.bodhiroad.idv.tw/new_page_83.htm。

7. 南朝齊・梁・陶弘景：〈紹問山中何所有賦詩以答〉，《古今輯句》，2003 年 9 月，http://www.ntpu.edu.tw。

8. 郭武：《道教長生成仙說的幾個發展階段》，http://www.cnki.net，1994～2011 年。

9. 劉新宇整理：《太平廣記》之《陶弘景》，2004 年 3 月，政見網：http://www.dajiyuan.com。

10. 鍾肇鵬：《讖緯神學與宗教及自然科學的關係》，http://www.cnki.net1，994～2011 年。

附　錄

釋曇鸞　簡譜

曇鸞〔註1〕，自號魏玄簡大主（士）

公元 476 年，生於北魏孝文帝承明元年，雁門（今山西省代縣）人。

公元 490 年，14 歲到五台山朝聖，隨即出家成爲佛弟子。

公元？年，對鳩摩羅什譯的《大智度論》、《中論》、《十二門論》和提婆譯的《百論》這四論有精深的研究，成爲一位學識淵博的大乘空宗學者。

公元？年，著手註《大方等大集經》。

公元？年，註《大方等大集經》中途積勞成疾，出門尋訪名醫。

公元？年，尋訪名醫中，走到汾州時氣疾好了許多。

公元 527 年，曇鸞到達梁都建康（今南京）。

公元 527～529 年，於茅山見到陶弘景，得十卷長壽仙方。

公元 529 年，北上歸途中路經洛陽，與天竺僧人菩提流支談論佛經。菩提流支贈給他《觀無量壽經》。

公元 529～542 年，孝靜帝令他住并州大寺，晚年移住汾州（今山西交城縣）石壁玄中寺。〔註2〕

〔註1〕 關於曇鸞出家後生平之經歷，其年代不可考者多，歷來編寫曇鸞傳記的大德如道宣法師《續高僧傳》卷六、迦才《淨土論》卷下的〈曇鸞傳〉、《佛祖統紀》卷二十七、《古清涼傳》卷上、文諗與少康《往生西方淨土瑞應傳》、《淨土往生傳》卷上、《往生集》卷一等，提及生平的經歷過程，留下的文獻不多，故所編列簡譜也只能概略介紹。

〔註2〕 曇鸞法師在太原、交城、介休、平遙等地宣傳淨土思想，教民眾簡便易行的唸佛方法，受到社會各階層的愛戴和敬重。平遙講經之地被稱爲變紅巖，孝靜帝稱他爲神鸞。玄中寺因淨土唸佛名聲大噪。

公元 542 年，東魏孝靜帝興和四年（542 年），曇鸞在平遙的寺院中入滅，
時年 67 歲。〔註 3〕

公元 554 年，迦才的《淨土論》中記載曇鸞「魏末高齊之初猶在」。曇鸞
似應在北齊天保五年（554 年）以後圓寂的，高壽約爲 80 歲左右。